马克思主义经典著作解读丛书

Makesi Zhuyi Jingdian Zhuzuo Jiea

主编／王为全

人类早期历史的科学审视

《家庭、私有制和国家的起源》

解　读

崔立莉◎编著

中国出版集团

现代出版社

图书在版编目(CIP)数据

人类早期历史的科学审视：《家庭、私有制和国家的起源》解读 / 崔立莉编著. —北京：现代出版社,2016.1 （2025.1重印）

ISBN 978 - 7 - 5143 - 1578 - 3

Ⅰ. ①人… Ⅱ. ①崔… Ⅲ. ①《家庭、私有制和国家的起源》–恩格斯著作研究 Ⅳ. ①A811.24

中国版本图书馆 CIP 数据核字(2014)第 106560 号

作　　者	崔立莉
责任编辑	王敬一
出版发行	现代出版社
通讯地址	北京市安定门外安华里 504 号
邮政编码	100011
电　　话	010 - 64267325 64245264(传真)
网　　址	www.1980xd.com
电子邮箱	xiandai@ cnpitc. com. cn
印　　刷	三河市嵩川印刷有限公司
开　　本	700mm × 1000mm　1/16
印　　张	12
版　　次	2016 年 1 月第 1 版　2025 年 1 月第 3 次印刷
书　　号	ISBN 978 - 7 - 5143 - 1578 - 3
定　　价	48.00 元

前　言

　　家庭是社会的细胞。每当我们谈论一个人的成长历程，分析他的性格特征，评价他的功过是非，总是首先想到他来自于一个什么样的家庭。家庭于个人于社会的重要作用，没有任何可以商榷的余地。

　　而国家是一个人最基本的信息，赋予了一个人生存交往最基础的政治要素。

　　然而，家庭和国家产生和发展的依据是什么？是人最质朴的情感？是种族繁衍的需要？是为了存活采取的必要手段？

　　在《家庭、私有制和国家的起源》这本著作中，恩格斯指出：由于劳动生产率的发展，产生了私有财产，因此形成了阶级和阶级对立；由于各阶级的冲突导致以血亲家族为基础的旧社会被炸毁，被组成国家的新社会所取代；家庭制度受所有制支配。恩格斯根据摩尔根对美洲印第安人社会的研究，补充他本人对古代罗马、希腊和日耳曼人社会的研究材料，论述了人类早期原始社会阶段和奴隶社会早期国家形成的历史，后来科学考古的发现也证明了恩格斯的基本论点是正确的。

　　在本书中，恩格斯研究了史前各文化阶段与家庭的起源、演变和发展，着重论述了人类史前各阶段文化的特征、早期的婚姻和从原始状态中发展出来的几种家庭形式，指出一夫一妻制家庭的产生和最后胜利乃是文明时代开始的标志之一。恩格斯根据大量史料，阐述了原始社会的基本特征，分析了原始社会解体的过程和私有制、阶级的产生，揭示了国家的起源、阶级本质及发展和消亡的规律。指出国家和阶级、私有制一样，不是从来就有的，而是在经济发展的一定阶段上产生的。国家是阶级矛盾不可调和的产物，是经济上占统治地位的阶级进行政治统治的工具，是凌驾于社会之上而且日益与社会脱离的特殊公共权力，其作用是协调各阶级的矛盾。国家随阶级的产生而产生，也必将随阶级的消亡而消亡。

本书是恩格斯运用唯物史观研究国家的重要成果，它科学地阐明了家庭、私有制、阶级的起源与国家产生的关系，极大地丰富了马克思主义的政治学说。

目 录

第一章 《家庭、私有制和国家的起源》及其相关问题

第一节 《家庭、私有制和国家的起源》的写作背景

《家庭、私有制和国家的起源》（以下简称《起源》）是恩格斯晚年的一部里程碑式的科学著作。早在 1908 年，这本书就已经传入我国，在一家报纸的"女子问题研究"的专栏中，介绍了第二章的片段。之后在我国先后出版过许多版本，目前通行的是 1965 年中共中央编译局校订版。1995 年中共中央编译局出版《马克思恩格斯选集》（四卷集）新译本，《起源》收入第四卷。并依此发行了《起源》的单行本。

在这部著作里，恩格斯运用历史唯物主义的观点，系统地告诉人们原始社会是如何发生、发展和灭亡的，揭示了家庭产生的原因、找到了私有制的产生以及以私有制为基础的阶级社会形成的客观规

律，揭秘了国家的起源并分析了国家的实质，证明了当没有私有制和阶级的共产主义实现时，国家将随之而归于消亡的历史必然性，这部著作科学地论证了人类社会发展的客观规律。

1883 年马克思逝世后，63 岁的恩格斯独自指导国际工人运动，同时花费大量精力整理出版《资本论》，写马克思的传记和1843—1863 年间德国社会主义运动的历史以及 1864—1872 年国际的历史，并且承担了大量的通信任务，任务十分繁重。在这样的情况下，恩格斯为什么要详尽地探讨原始社会的家庭关系、氏族制度、生产资料私有制和国家的起源，专门挤出时间研究大量人类学和考古学文献，撰写《起源》一书呢？

首先，我们先回到 19 世纪无产阶级斗争的状况中去：

19 世纪 40—50 年代，科学发展的局限障蔽了人们的眼界，正如恩格斯在 1888 年《共产党宣言》英文版加了一个注那样："在 1847 年，社会的史前史，成文史以前的社会组织，几乎还没有人知道"。但对剥削阶级和剥削阶级学者来说，与其说是由于他们的无知，还不如说主要是由于他们的阶级偏见，特别是在家庭、私有制和国家这样的问题上的阶级偏见，屏蔽了人们的眼界。例如，为了替男权、夫权作辩护，他们硬说以父权为中心的一夫一妻制的家庭"自古以来都如此"，家庭从一开始就未经过任何历史的发展变化。即使古代典籍文学作品以及部分民族的遗俗中反映出来的母系、母权制的遗迹，也仅仅看成是不值得重视的无意义的神话传说和陋习。因为国家比任何别的问题更加牵连到资产阶级的根本利益，因此也被他们搞得混乱不堪。马克思、恩格斯一生都非常重视这个问题。围绕这个问题，马克思主义与资产阶级和各种机会主义进行了长期斗争。

19世纪70—80年代，国家问题显得十分突出。这是由于在这个时期，资产阶级除了加强他们的国家机器镇压劳动人民之外，还在理论上尽量美化资产阶级的国家。妄想通过宣传对资产阶级国家的迷信，使工人阶级离开夺取国家政权、打碎资产阶级国家机器的革命斗争的正确道路。

在资产阶级革命初期，资产阶级的思想家还曾经宣传过国家起源的"契约论"，承认国家不是从有人类以来就存在的，而是随着社会的发展而产生和发展的，可以用他们的国家去代替封建的国家。但当资产阶级建立了资产阶级国家后，就把国家说成是永恒存在并且不可侵犯的了。这种说法深深影响了工人运动。如在当时的德国，就出现了哥达纲领草案，把国家看成是超阶级的东西，宣称通过资产阶级的"国家帮助"来实行社会主义。又比如，在70—90年代的德国还出现了一个资产阶级思想流派，我们称它为"讲坛社会主义"，硬说国家是超阶级的组织，它能够调和敌对的阶级，逐步实行"社会主义"，而不必去触动资本家的利益。

要彻底打破这种迷信，必须从理论上阐明马克思主义的国家学说。要从理论上阐明马克思主义国家学说，就必须驳斥国家的"永恒论"，揭露国家的实质。要揭露国家的实质，就必须说明国家的起源，要说明国家的起源，就必须说明国家产生前的氏族制度的解体和私有制的产生；要说明氏族制度和私有制的产生，就要说明氏族制度的产生和发展；要说明氏族制度的产生，就必须说明家庭的起源和发展。这样看来，在19世纪70—80年代，揭示人类社会初期历史的本来面目，系统地阐述马克思主义在家庭、私有制和国家问题上的基本观点，已经成为当时无产阶级革命运动中一项十分迫切的战斗任务。

19 世纪 80—90 年代，自由资本主义开始向垄断资本主义过渡。在这个时期，资产阶级从革命走向了反动，无产阶级与资产阶级之间的阶级斗争日益尖锐。资产阶级学者为了维护资本主义制度，极力掩饰资本主义社会固有的对抗和矛盾，极力掩饰资本主义社会的种种弊端，大肆宣扬私有制、阶级在人类社会出现时就已经存在，国家问题更是被他们搅得混乱不堪。比如著名哲学家黑格尔所创建的理念论，认为国家是伦理范畴，国家是真正独立的伦理实体，是家庭和市民社会的统一体。家庭和市民社会要服从、从属于国家，其存在要以国家的存在为转移。德国还有一名叫杜林的哲学家，认为私有制、阶级和国家的起源要用暴力论来解释。他认为，社会划分为阶级，国家的产生，是由于社会上一部分人对另一部分人施加暴力强制奴役的结果。这些言论严重地侵蚀着当时工人队伍和社会主义运动，影响着人们对私有制、阶级和国家等问题的看法。当时的工人特别是德国的工人，对国家有一种盲目的迷信和崇拜。为彻底破除对国家的迷信和误解，让无产阶级正确认识私有制、阶级和国家等问题，必须从理论上阐明私有制、阶级和国家的实质及其产生的历史根源。

其次，我们来看看这部著作创作时人们对社会组织的认识状况。

19 世纪上半叶，人们对社会的史前状态、全部成文史以前的社会组织的认识，还处于混沌状态。50 年代以后，地质学、考古学、人类学、民族学、社会学等相继创立。学者们对印度、俄国、日耳曼、爱尔兰古代农村公社陆续有了新的发现，60—70 年代出现了一批关于古代社会的文化学和人类学文献，特别是摩尔根的《古代社会》，开辟了原始社会史研究的新时代。在 19 世纪中叶以后，考古学、民族学、人类学等学科也积累了大量的资料，取得了显著的成果。其中主要的有：英国历史家格罗脱（1794—1871），在 1846—1856 年编著了《希腊史》，其中提供了古希腊人中存在着一些氏族制度和习俗的证据。德国历史家毛勒（1790—1872），先后写了《马克、田庄、村落、都市制度和公共权力的历史导言》、《日耳曼领主庄园、农民场院和田庄制度的历史》二卷、《日耳曼都市制度的历史》等。这些著作对德国古代和中世纪的社会制度进行了卓越的研究，详细说明了古代日耳曼村社土地所有制的情况，考察了日耳曼国家公共权力从马克、村落、田庄及都市原始组织中逐渐产生出来的情形。英国的民族学家累瑟姆（1812—1888）在 1859 年发表了《叙述民族学》，其中真实地记述了印度马格尔人的族外婚情形，并指出这种制度在古代世界曾普遍流行。英国学者麦克伦南（1827—1881）在 1865 年发表了《原始婚姻》，也提供了许多民族中存在着氏族制度的材料。

再次，执行马克思的遗愿是恩格斯写作这一论著的最直接原因。

一直自称是"第二小提琴手"的恩格斯与马克思有着令世人羡慕的伟大友谊，两个人不仅志同道合，而且在一切理论问题上的意见完全一致。虽然两个人在很多方面都不像，比如恩格斯衣着整齐，马克思却不修边幅，恩格斯什么事情都井井有条，马克思却总是弄得乱七八糟，二者性格上的巨大反差并没有影响在思想和政治上的紧密融合。恩格斯之所以留在父亲的工厂，恰恰是为了帮助马克思一家免于饿死。他给马克思的汇款总是超过自己家庭的支出。除了经济上的帮助，恩格斯与马克思是彼此最重要的事业伙伴。两人的合作天衣无缝，几乎分不出彼此。

马克思一直关注原始社会。文化人类学的兴起，引起了马克思的高度关注。在资产阶级史学家对摩尔根《古代社会》保持沉默、大加排斥的时候，马克思却以极大的兴趣和热情精心研读了大量的文化人类学论著，并作了详细的摘录、译注。他计划在综合整理文化人类学成果和资料的基础上，开辟出一个新的研究领域，写出一部恢宏的新著，来全面系统的总结整理自己的思想和观点，完整地阐释人类社会发展的多样性与统一性相统一的总体进程，以发展和丰富唯物史观。马克思对摩尔根的《古代社会》一书尤为重视。他1881 年 5 月至 1882 年 2 月，花了近 10 个月的时间精心研究了摩尔根的《古代社会》这部书，并作了大量摘录、分析、批判性批注和补充。这部分内容在马克思《人类学笔记》占了很大的篇幅。其主要内容包括：其一，对摩尔根研究原始社会重大贡献的高度评价。摩尔根对无阶级的原始社会的社会结构的发现，对原始社会基本氏族亲属制度和家庭婚姻形态、私有制起源和发展，以及如何产生出法治、法律制度、国家和法治组织等的阐明，证实了马克思对原始社会的见解和唯物史观。如恩格斯评价的，"摩尔根的伟大功绩，就在于他在主要特点上发现和恢复了我们成文历史的这种史前的基础，并且在北美印第安人的血缘团体中找到了一把解开古希腊、罗马和德意志历史上那些极为重要而至今尚未解决的哑谜的钥匙"。马克思高度重视摩尔根的贡献，对其中有科学价值的材料作了详细摘录，肯定了其中的正确观点。其二，对摩尔根原书结构的改造。摩尔根的《古代社会》一书原来的结构，依次是"生产、技术的发展——

法治观念的发展——家庭婚姻形式的变化——财产观念的产生"。这种论述，把财产的起源和发展放在法治组织、管理观念之后，表明摩尔根对私有制产生的深远意义的忽视，马克思在摘要中对之进行了改造，将原结构变成为生产、技术的发展—家庭婚姻形式的变化——氏族组织——私有制和国家的产生。经马克思改造后的《古代社会》一书，体系得到科学调整，更加突出了私有财产的作用和意义，克服了摩尔根的唯物主义思想的不彻底性，消除了他从观念的角度追溯人类社会制度起源的唯心主义倾向，鲜明地体现出历史唯物主义的观点：原始社会建立的基础是物质资料的生产和人自身的生产：私有制导致阶级、国家的产生和氏族制度的灭亡。其三，对摩尔根思想的进一步说明和补充。马克思在摘录中，一是增加了许多自己掌握的材料，如古希腊、古罗马的大量具体材料，使其内容更加充实。二是对某些论点作了重要纠正。如摩尔根把取火当作人类早期的次要发明，马克思指出："与此相反：一切与取火有关的东西都是主要的发明。"马克思还否定了摩尔根"只有人类可以说达到了绝对控制食物生产的地步"的错误观点。三是对原始材料和观点给以新的概括和总结。如对摩尔根关于亲属制度、亲属称谓落后于亲属关系的论断，马克思从更为一般的意义上作了理论概括，指出："同样，政治的、宗教的、法律的以至一般哲学的体系，都是如此。"四是对摩尔根的观点作了发挥和补充。如对摩尔根关于专偶制度家庭的起源和性质，从母系氏族过渡到父系氏族的原因和意义，对希腊罗马社会的分析，希腊罗马社会中私有制的产生，氏族的瓦解以及阶级和国家的形成，阶级之间的关系等内容，马克思都作了发挥和补充，但马克思没有来得及写出系统的著作就逝世了。

恩格斯认为自己有责任继续马克思的科学研究和政治研究。恩格斯在《起源》第一版序言开宗明义地指出："以下各章，在某种程度上是实现遗愿。不是别人，正是卡尔·马克思曾打算联系他的——在某种限度内我可以说是我们两人的——唯物主义的历史研究所得出的结论来阐述摩尔根的研究成果，并且只是这样来阐明这些成果的全部意义。"他在给考茨基的信中提到："在论述社会的原始状况方面，现在有一本像达尔文的著作对于生物学那样具有决定意义的书，这本书当然也是被马克思发现的，这就是摩尔根的《古代社会》（1877 年版）。马克思谈到过这本书，但是，当时我脑子里正装着别的事情，而以后他也没有再回头研究；看来，他是很想回头再研究的，因为根据他从该书中所作的详细的摘录中可以看出，他自己曾打算把该书介绍给德国读者。"

恩格斯在 19 世纪 70 年代末到 80 年代初，也极为重视人类社会早期演变的历史探索。他不仅研读了大量的文化人类学论著，发表了《法兰克时代》等多部著作，他计划撰写一部关于日耳曼人的古代历史的论著，而且还就一些问题，如东方各氏族为什么没有土地私有制，甚至没有西欧式的封建土地所有制，亚细亚所有制等问题同马克思展开过讨论。1884 年初，恩格斯在整理马克思的遗物时，发现了马克思的易·亨·摩尔根《古代社会》一书摘要，他认为极为重要和珍贵。他详尽而透彻地研究了马克思的摘录、评语，又深入研究了摩尔根的原著，他认为"摩尔根在美国，以他自己的方式，重新发现了 40 年前马克思所发现的唯物主义历史观，并且以此为指导，在把野蛮时代和文明时代加以对比的时候，在主要点上得出了与马克思相同的结果。"恩格斯在研究了这些遗稿后，确信摩尔根

《古代社会》一书证实了马克思和他两人所制定的唯物主义历史观和他们对原始社会的看法。1884年2月16日恩格斯在给卡·考茨基的信中写道："在论述社会的原始状况方面，现在有一本像达尔文学说对于生物学那样具有决定意义的书，这本书当然也是被马克思发现的，这就是摩尔根的《古代社会》（1877年版）。马克思曾经谈到过这本书，"当时我正在思考别的事情"①，而以后他也没有再回头研究。看来，他是很想回头再研究的，因为根据他从该书中所做的十分详细的摘录中可以看出，他自己曾打算把该书介绍给德国读者。

恩格斯没有对摩尔根的著作作客观的叙述。他认为对摩尔根的著作"不作批判的探讨，不利用新研究得出的成果，不同我们的观点和已经得出的结论联系起来阐述，那就没有意义了。"恩格斯充分利用了马克思对《古代社会》一书摘要的结构、评语和评论中所表述的思想，用历史唯物主义观点对其进行了科学整理。此前，恩格斯在1881—1882年期间就写作了《论日耳曼人的古代社会历史》《马尔克》等著作，他利用这些已有的科学研究成果，结合自己掌握的人类学、氏族学、考古学、社会学、历史学、法治学等多学科的知识和材料，系统阐述了人类早期社会阶段的历史，考察追溯了家庭、私有制和国家的起源，科学地证明了人类走向未来共产主义社会的历史必然性，从而修正、丰富了摩尔根著作的内容。恩格斯指出："在关于希腊和罗马历史的章节中，我没有局限于摩尔根的例证，而是补充了我所掌握的材料。关于克尔特人和德意志人的章节，基本上是属于我的；在这里，摩尔根所掌握的差不多只是第二手的材料，而关于德意志人的章节——除了塔西佗以外——还只是弗里

---

① 《马克思恩格斯选集》（第四卷），人民出版社1997年版，第442页。

曼先生的不高明的自由主义的赝品。经济方面的论证，对摩尔根的目的来说已经很充分了，对我的目的来说就完全不够，所以我把它全部重新改写过了。最后，凡是没有明确引证摩尔根而做出的结论，当然都由我来负责"。

总之，资本主义国家的产生和发展促进了生产力和私有制的迅速发展。与此同时，由于在经济上占统治地位的资本家阶级也在政治上占统治地位，这就导致国家机器始终代表统治阶级的利益压迫和剥削工人阶级。而马克思和恩格斯在长期的实践斗争中已经看清了当时社会经济生活的问题以及资本家的本质，现实阶级斗争的需要促使他们写出一本阐述国家起源的书来揭露资本家阶级的骗局并以此武装工人阶级。于是，《家庭、私有制和国家的起源》顺应了时代的需要产生了。

第二节　摩尔根与《古代社会》

美国著名人类学家路易斯·亨利·摩尔根（Lewis Heng Morgan，1818—1881），是一个美国农场主的儿子，1818 年 11 月 21 日出生在美国纽约州奥罗拉村附近，1881 年 12 月 17 日死于纽约州的罗契斯特。他的父亲是位富裕的农庄主，曾当选为州议员。摩尔根在青年时代曾就读于高等学校，1840 年摩尔根从罗切斯特联合学院毕业，接着去学习法律，于 1842 年获得律师资格，1844 年起在罗切斯特开设律师事务所，从事律师职业，并先后被选为州的众议院议员和参议院议员。当时的美国还残留着一些尚未开化的原始部落。摩尔根经常深入到印第安民族易洛魁人的住地，与当地印第安人交朋友，仔细观察他们的生活方式，有了这些田野调查的基础，摩尔根才能对原始社会的状况进行剖析。长期以来，摩尔根在美州印第安人中进行调查研究，并在一次诉讼中，为当地易洛魁人的塞纳卡部落辩护成功，击败了一个要用欺编手段掠夺他们土地的公司，从而在易洛魁人中赢得了信任和尊敬。摩尔根与印第安人建立了深厚的感情，并于 1847 年被易洛魁人中的塞内卡部鹰氏族收养为其成员，这是印第安人对友好的外族人的一种优礼。由于与印第安人同住同吃同生活，摩尔根因此能够深入地了解印第安人一直不向外透露的风俗习惯，以及他们的政治、经济、文化、社会组织、婚姻、家庭、艺术、宗教等情况，掌握了极其丰富的、十分可靠的第一手材料。1851年，摩尔根发表了他的第一部研究印第安人的主要著作《易洛魁联盟》，这本书介绍了易洛魁联盟的组织结构、宗教信仰和风俗习惯。这也是世界上第一部以实证方法来研究印第安人的著作。

1856 年，摩尔根开始关注亲属称谓问题了，他从实地调查和文献中得知易洛魁人那种"奇特"的家属称谓在美洲许多不同方言的土著居民中普遍存在。他想解答这个问题。另外他还有个目的，就是要搞清印第安人的来源。对这个问题学术界历来意见不一，其中一个流行的看法认为印第安人是从亚洲越过太平洋到美洲去的。摩尔根相信这个说法，并希望得到证实。他设想，如果在亚洲及其附近地区的土著居民中也能找到与印第安人相同的亲属称谓制度，则这个论点就可获得有力的证明。于是他设计了一种调查表，分寄到美国各地的印第安人中传教的牧师和一些印第安人，以及远在太平洋各岛屿、远东、非洲等地的一些人，托他们代为调查各地土著居民的亲属称谓。同时，摩尔根还从 1859 年开始，每年出外进行一次田野调查，连续坚持了 4 年。使他感到欣慰的是，他所获得的材料完全证实了他的想法，在这个广阔地域内，各种不同方言的部落竟具有一种基本类似的亲属制度。1862 年，摩尔根开始着手整理他所搜集的材料，通过分析研究，写出了第二部重要著作，即《人类家庭的亲属制度》。摩尔根写这本书的目的本来是打算解决印第安人的来源问题，但却得到另外一个收获，那就是探讨了原始社会的婚姻制度和亲属关系，从而发现了人类早期的社会组织原则及其普遍的发展规律。摩尔根从此扩大了他的视野，他所研究的对象不再限于印第安人，而转到整个人类的原始社会方面。1862 年，摩尔根从罗切斯特迁居到密执安，虽然他还从事律师职业，但他大部分时间放在撰写《古代社会》一书之中，这是他毕生最重要的一部著作。在这部巨著中，摩尔根以唯物史观阐述了他对人类原始社会发展规律的科学论断，在历史学和社会学领域中起了革命性的作用。由于他在学术上的成就，于 1873 年获联合学院名誉法学博士学位，1875 年当选为美国国家科学院院士，1879 年任美国科学促进协会主席。《古代社会》一书主要提出了社会进化的理论，阐述了人类从蒙昧时代经过野蛮时代到文明时代的发展过程。摩尔根通过研究印第安人和世界其他地区的部落及希腊、罗马等古代民族史，揭示了氏族的本质及氏族制度存在的普遍性，证明母系制先于父系制，说明氏族制度发展的结果必然产生它本身的对立物——政治社会即国家。这部书的目的，由它的副标题作了简洁的说明。照摩尔根的说法，"除掉发明和发现外"，文化的演进是"特殊观念成长"的结果，其中最重要的是："一、生活资料；二、政治；三、语言；四、家族；五、宗教；六、家庭生活和建筑；七、财产"。但是，《古代社会》并未论及所有这些主要观念。语言的发展"自成一门学科"，不包括在内。宗教也是这样，它的研究碰到"可能永远得不到完全满意的解释这样一些内在的困难"。原来计划要在《古代社会》中讨论"家庭生活和建筑"，但因篇幅过大而删去，后又把它重新编写为《美洲土著的房屋和家庭生活》，另行出版。摩尔根对古代社会所作的卓越研究，开辟了人类研究的新纪元。

现在我们看到的中文版的《古代社会》一书是由杨东莼、马雍、马巨三人于 1977 年翻译出版的，与摩尔根发表的《古代社会》相隔百年，由商务印书馆出版发行。全书共分为序言及内容 4 编，从各个不同的侧面对古代社会进行了全面细致的考察。

（1）人类的起源过程

在序言部分，摩尔根介绍了人类的起源过程及本书所需探讨的主要问题。他说，地球上有人类，始于太古时代，"但其证据直到近 30 年来才被人们发现，而且，这样重要的一个事实直到我们这一代才开始被人们认识，这倒似乎有些奇怪。"对人类历史特别是远古历史的研究，是在 19 世纪中叶开始的，说明人类对自身历史的认识真是太迟了。摩尔根认为，人类一切部落，在野蛮社会以前都曾有过蒙昧社会，正如我们知道在文明社会以前有过野蛮社会一样。人类历史的起源相同，经验相同，进步相同。摩尔根的这种相同论点主要指出的是在古代社会，这种论断是相当大胆的，当然也是在他实证性的研究基础上得出的结论。他说，在人类进步的道路上，发明与发现层出不穷，成为顺序相承的各个进步阶段的标志。可以看出人类出于同源，在同一发展阶段中人类有类似的需要，并可看出在相似的社会状态中人类有同样的心理作用。

摩尔根断言，人类的各种主要制度都起源于蒙昧社会，发展于野蛮社会，而成熟于文明社会。由于人类起源只有一个，所以经历基本相似，他们在各个大陆上的发展，情况虽有所不同，但途径是一样的，凡是达到同等进步状态的部落和民族，其发展均极为相似。因此，美洲印第安人诸部落的历史和经验，多少可以代表我们的远祖处于相等状况下的历史和经验。承认摩尔根的"人类同源"观点并不难，问题是人类的起源地究竟在哪里？人类的起源地究竟是一个还是几个？现在关注人类发展历史的学者较多，关注人类社会发展进程的学者更多，但关心人类起源地的学者很少，至今这仍是一个人类学的悬念。

摩尔根在序言中讲到："在人类进步的道路上，发明与发现层出不穷，成为顺序相承的各个进步阶段的标志。""人类在蒙昧阶段的后期和整个野蛮阶段之中，一般都是按氏族、胞族和部落而组织的。""家族制度也经历了各种顺序相承的形态，而产生出迄今尚存的几种重要的亲属制度。""财产观念也经历了与此相似的产生与发展过程。"这4类事实沿着人类从蒙昧社会到文明社会的进步途径平行前进，它们是这本书所要探讨的主要题目。

（2）发明、发现所体现的智力发展

在第一编中摩尔根讲到各种发明和发展所体现的智力发展，主要分为人类文化的几个发展阶段、生存技术、人类发展进度的比例3部分，着重分析了人类文明的不同阶段的不同面貌。摩尔根认为，人类有一部分生活在蒙昧状态中，有一部分生活在野蛮状态中，还有一部分生活在文明状态中。这 3 种不同的社会状态以必然而自然的前进顺序彼此衔接起来。整个人类历史，直至每分支分别达到今天的状况为止，都确实是遵循上述前进顺序进行的。摩尔根给社会发展列出了详细的发展表：①低级蒙昧社会。始于人类的幼稚时期，终于下一期的开始。②中级蒙昧社会。始于鱼类食物和用火知识的获得，终于下一期开始。③高级蒙昧社会。始于弓箭的发明，终于下一期的开始。④低级野蛮社会。始于制陶术的发明，终于下一期的开始。⑤中级野蛮社会。东半球始于动物的饲养，西半球始于用灌溉法种植玉蜀黍等作物以及使用土坯和石头来从事建筑，终于下一期的开始。⑥高级野蛮社会。始于冶铁术的发明和铁器的使用，终于下一期的开始。⑦文明社会。始于标音字母的发明和文字的使用，直至今天。

在谈到生存的技术时，摩尔根认为，人类能不能征服地球，完全取决于他们生存技术之巧拙。在所有的生物中，只有人类才能说对食物的生产取得了绝对控制权。顺序相承的 5 种生存技术是：天然食物；鱼类食物；淀粉食物；肉类和乳类食物；通过田野农业而获得无穷食物。人类具备了既能有锋刃又能有锋尖的铁器以后，进入文明自无问题。铁的产生是人类经验中无与伦比的一件大事，相形之下，所有其他的发明和发现都显得微不足道，或至少退居次要地位。我们可以说，文明的基础就是建立在铁这种金属之上的。没有铁器，人类的进步就停滞在野蛮阶段。

（3）人类社会的组织方式

在第二编中摩尔根讲到政治观念的发展。摩尔根提到了以性为基础的社会组织，通过对氏族、胞族和部落制度的研究，得出这些制度是古代社会由之而组织和结合的工具这一重要结论。摩尔根说，谈到政治观念的发展这个题目时，自然会想到以亲属为基础所组成的氏族是古代社会的一种古老的组织；但是，还有一种比氏族更早、更古老的组织，即以性为基础的婚级。氏族的胚体看来即孕育在这种组织之中。这里的婚级其实是一种集体组织的名称，也许是翻译时存在的困难，使人对这一集体组织的名称听起来感到古怪。摩尔根认为，家族形态一开始是血婚制家族，这种形态的基础是兄弟与姊妹之间相互集体通婚；从这个形态过渡到第二种形态，即伙婚制家族，其社会体系近似于澳大利亚的婚级，它破坏了第一种婚姻制度，代之而起的是一群兄弟共有若干妻子和一群姊妹共有若干丈夫。这两种情况都是集体的婚配。我们不得不认为，按性别组织成婚级，以及随后较高级地按亲属关系组织成氏族，这都是一些伟大的社会运动顺应人类天性所趋的原理于不知不觉之中创造出来的。以性为基础而不以亲属为基础的组织——婚级比氏族产生的更早，它比迄今所知的任何社会形态更为原始。婚级组织的产生似乎只是针对着一个目的，即为了取缔兄弟、姊妹之间的互婚，这或许可以作为解释这一制度起源的理由。摩尔根认为，人类的经验只产生两种政治方式。第一种，也就是最古老的一种，称为社会组织，其基础为氏族、胞族和部落。第二种，也就是最晚近的一种，称为政治组织，其基础为地域和财产。这两种方式在性质上根本不同，一个属于古代社会，一个属于近代社会。摩尔根用大量的资料详细地叙述了氏族组织的发展过程；论证了原始时代氏族制度存在的普遍性，氏族是当时社会制度的基本组织单位；阐明了氏族的本质。北美易洛魁人的母系氏族制，世系和财产由女性继承，有一套包括氏族、胞族、部落、部落联盟的社会组织，按原始的民主制组成，各层组织都有自己的职能。他认为氏族出现时人类处于群婚状态，只能按母方识别世系，因而最早的氏族必然是母系制。欧洲人到美洲时，印第安人大多已组成母系氏族，部分为父系氏族，少数部落的氏族制已解体。他描绘了荷马时代希腊人以及古代罗马人的父系氏族制，指出氏族是从母系制发展为父系制的，促成这一转变的动力是私有财产的出现，父亲要把财产传给自己的亲生子女。摩尔根以历史事实阐明，氏族制度发展的结果，必然由于私有财产和阶级的出现而产生它的对立物——国家。他以雅典人和罗马人为例，探讨了国家产生的历史过程。在雅典，经过几次政治改革，历时数世纪才使氏族制度彻底消亡，形成了雅典国家。罗马国家是在平民与贵族斗争中摧毁了氏族组织而建立起来的。

（4）亲属制度、家庭婚姻的历史

在第三编中讲摩尔根讲到家族观念的发展。这部分是摩尔根最有意义和最富创造性的研究。他以亲属制度来阐述已经消灭了的古代家族及婚姻制度，为人类的婚姻制度的完善及发展做出了重要的贡献。他认为家族制度是人类文明进步的一个重要环节。摩尔根列出了 5 种顺序相承的家族形态，也是家族发展的 5 个阶段：血婚制家族；伙婚制家族；偶婚制家族；父权制家族；专偶制家族。血婚制家族是由嫡亲和旁系的兄弟姊妹集体相互婚配而建立的，由此产生的是马来亚式亲属制度。伙婚制家族是由若干嫡亲的和旁系的姐妹集体地同彼此的丈夫婚配而建立的；同伙的丈夫们彼此不一定是亲属。它也可以由若干嫡亲的和毫无关系的兄弟集体地同彼此的妻子婚配而建立；这些妻子们彼此不一定是亲属。由此产生的是土兰尼亚式和加诺万尼亚式亲属制。偶婚制家族是由一对配偶结婚而建立的，但不专限与固定的配偶同居。婚姻关系只有在双方愿意的期间才维持有效。这种家族没有产生出亲属制度。父权制家族是由一个男子与若干妻子结婚而建立的，通常由此产生将妻子幽禁于闺房的风俗。这种家族也没有产生亲属制度。专偶制家族是一对配偶结婚而建立的，专限与固定的配偶同居。它产生的是雅利安式、闪族式和乌拉尔式亲属制度。他把家庭婚姻的发展阶段与社会经济的发展相联系，认为共产制的生活方式同血缘家庭、普那路亚家庭和对偶家庭相适应，一夫一妻制是由于私有财产的出现和继承财产的需要而确立的。摩尔根的家庭史研究，批判和推翻了主张家庭是社会的原始细胞、父权制家庭是最古老的家庭的"父权论"。

摩尔根之所以能够区分各种不同类型的家族，按照他的说法主要参考的根据是亲属制度。通过对亲属制度的分析，可以得出家族婚姻制度分类的结论。另外，各种家族之间相互处于一种逻辑的序列之中，总合起来贯穿了蒙昧社会到文明社会的各个文化阶段。也就是说文明社会阶段的家族就应该是专偶制的婚姻关系，它不能倒退到伙婚制或父权制婚姻状态。摩尔根推断出血婚制家族属于蒙昧社会偶婚制属于野蛮社会，专偶制属于现代社会。

（5）历史上的两种所有制

在第四编中摩尔根讲到财产观念的发展。摩尔根认为，财产观念是人类社会进步的主要动力。财产是积累起来的生活资料，对财产占有欲的热情，在野蛮时代就存在，后来变成为支配着文明种族的心灵的强烈热望。财产的发展，与发明和发现的增加，与都标志着人类进步的几个文化阶段的社会制度的进步，有着密切的联系。

每一个阶段财产发展状况及继承都是不同的。财产和职位是产生贵族的基础。"多少世纪过去了，但是除了美国之外并未能消除特权阶级，特权阶级之为社会前进的绊脚石，已经充分表现出来了。历史上存在的两种财产所有制，即公有制和私有制，以及前者向后者的转变。摩尔根指出，是私有财产导致奴隶制和国家的产生。最后他谈到了资本主义社会之后的未来社会"将是古代氏族的自由、平等和博爱的复活，但却是在更高级形式上的复活"。

摩尔根对古代社会的卓越研究，开辟了历史研究的新纪元。他细致地描绘了古代社会人们的生活面貌，通过田野调查和文献分析，用大量的实例说明了古代社会发展的过程，深刻揭示了许多现代观念最初的根源及其演变历程，使我们不但加深了对古代社会的认识，而且加深了对现代社会的认识。摩尔根接受了达尔文的生物进化理论，全面提出了社会进化的理论，阐述了人类从蒙昧时代经过野蛮时代到文明时代的发展过程。摩尔根认定人类同源说："人类的主要制度是从少数原始思想的幼苗发展出来的；而且，由于人类的心智有其天然的逻辑，心智的能力也有其必然的限度，所以这些制度的发展途径与发展方式早已注定，彼此之间虽有差异也不会过于悬殊。各个部落和民族分居在不同的大陆上，这些大陆甚至并不毗连，但我们发现，只要他们处于同一社会状态下，他们的进步过程在性质上总是基本相同的，不符合一致性的只有因特殊原因所产生的个别事例而已。我们如将这个论点引申开来，就会倾向于确定人类同源说"。摩尔根说，"人类的主要制度是由几个原始的思想胚芽发展成的"。《古代社会》自始至终反复提到这一论点。这些胚芽是"原始的观念，与先前的知识和经验截然无关"，并且它们的发展"早已被人类心智的天然逻辑所决定，而且彼此之间的差异也很有限"。因此，文化的发展，至少在其制度的发展方面，是心理学的问题：文化的发展就是心智的发展。因而他一再提到人类的"精神历史"，并拥护当时普遍接受的"人类心理一致"的观点。摩尔根通过一些实例的样本得出了这个结论，使人不得不相信，但问题的关键是人类同源之地究竟在哪里？是一个种族引出了不同的人类种群呢，还是有不同的种族引出不同的种群？摩尔根并没有给出一个答案。摩尔根认为，鱼类的分布无处不在，可以无限制地供应，而且是唯一可以在任何时候获取的食物。人类依靠鱼类食物才开始摆脱气候和地域的限制，（这时候他们正处蒙昧状态中）沿着海岸或湖岸、沿着河道四处散布，可以遍及于地球上大部分地区。摩尔根的论断可以说解决了人类迁移的过程，但还是对人类同源之地的问题没有做出说明，这也就为今后人类学的研究留下了一个十分重大的课题。先前的人类学家认为一夫一妻制家庭自古就有，并且始终是人类社会的基本单位。摩尔根不同意这种观点，他根据亲属制度和社会组织的研究，系统地提出了家庭婚姻进化理论。摩尔根认为最早的婚姻状态是男女杂交，然后是兄弟姊妹的集体相互通婚，由此产生血婚制家族。以性为基础的组织和伙婚习俗，倾向于阻止兄弟姊妹之间的通婚，由此产生了伙婚制家族。增进氏族组织的影响，改善生活的技术，使一部分人类进入低级野蛮社会，由此产生一男一女的婚族。

作出这样排列的目的，就是要确定人类从蒙昧社会进化到文明社会的整个历程。一夫一妻是文明社会的产物，虽然有人表现出对走婚现象的向往，表现出对一夫多妻制度的向望，但是人类发展的结果不可能回到历史的起点，只能是向前迈进。

对于摩尔根，马克思更是给予了极大肯定——"摩尔根是第一个具有专门知识而想给人类的史前史建立一个确定的系统的人"。恩格斯也说过："在论述社会的原始状况方面，现在有一本像达尔文学说对于生物学那样具有决定意义的书，这本书当然也是被马克思发现的，这就是摩尔根的《古代社会》（1877年版）"。

在所有民族学、人类学的研究成果中，马克思、恩格斯也特别重视巴霍芬所做的贡献。

巴霍芬（1815—1887），瑞士法学家、人类学家。曾任巴塞尔大学罗马法的教授。巴霍芬影响最大的著作是他1861年出版的《母权论》。他根据大量古籍，作了比较研究后指出，在人们所了解的父权、父系之前，曾普遍存在过一个漫长的母权、母系的时代，在远古社会中曾有过母权统治和按母系计算血统与继承财产的制度。这是因为当时人类的两性关系还是处于"杂婚"状态，所以只能由母系来确认子嗣和继承财产，从而母亲便在社会中居于支配地位，享有崇高的威望，完全不像后来那样变成了男子的附属品。恩格斯后来在《起源》第四版序言中称巴霍芬的这些论点在当时是一个完全的革命，并说"家庭史的研究是从1861年，即巴霍芬的《母权论》出版的那一年开始的"。

第三节 关于序言

《家庭、私有制和国家的起源》共分9章，另外还有两篇序言。

1884年10月在苏黎世以单行本形式出版时，恩格斯为第一版写了序言。在第一版的序言中，恩格斯阐述了写作《起源》的动机，称这部著作"在某种程度上是实现遗愿"，而这个遗愿，"不是别人，正是卡尔·马克思曾打算联系他的——在某种限度内我可以说是我们两人的——唯物主义的历史研究所得出的结论来阐述摩尔根的研究成果，并且只是这样来阐明这些成果的全部意义。"恩格斯向世人表明，这部著作，是为了完成好友马克思的遗愿。

在第一版序言中，恩格斯提出了两种生产的观点。他说"根据唯物主义观点，历史中的决定性因素，归根结底是直接生活的生产和再生产。但是，生产本身又有两种。一方面是生活资料即食物、衣服、住房以及为此所必需的工具的生产；"对这一种生产，相信我们并不陌生，它与我们的日常生活息息相关，往往构成了我们对物质世界最初的认识和最真实的体会。除了生活资料以外，"另一方面是人自身的生产，即种的繁衍。"作为高级动物的人类，同其他一切生命体一样，都必然承担着延续种族的使命，这一天然使命，由于人类的高级属性，而渐渐脱离了其他生物种族繁衍的纯自然特点，更具有社会化的属性。而恩格斯对这种社会性是逐渐演进而成的介绍恰恰完美的论证了这一点，也就是"种的繁衍"的唯物主义特点。

这两种生产制约了一定历史时代和一定地区内的社会制度：劳动越不发展，生活资料的数量越少，社会总财富越少，连接人与人的纽带是血缘而不是经济，社会制度就要受制于家庭，受制于血缘关系；然而，随着生产力的发展，社会总财富大大增加，经济成为连接人与人的纽带，并且发展了阶级对立的基础的新的社会成分，这时的社会制度开始受制于经济因素，受劳动的发展阶段和所有制的支配。并且由此，阶级对立和阶级斗争展开了。

"两种生产"对于我们阅读这部著作起着导航的作用，在后面的章节我们能够看到，在这两种生产的推动下，原始社会是如何一步一步进化到文明社会的。"两种生产"是一个精辟的见解，特别是把人类自身生产包括在"生产"中，同样视为历史中的决定性因素，给人们很大的启发。

与此同时，就像我们在副标题"就路易·亨·摩尔根的研究成果而作"中看到的一样，恩格斯还评价了摩尔根的研究成果。"摩尔根的伟大功绩，就在于他在主要特点上发现和恢复了我们成文史的这种史前的基础，并且在北美印第安人的血族团体中找到了一把解开希腊、罗马和德意志上古史上那些极为重要而至今尚未解决的哑谜的钥匙。"而刻成这把钥匙的模具，正是"40年前马克思所发现的唯物主义历史观"，摩尔根以他自己的方式重新发现了它。

1886年和1889年本著作在斯图加特分别出版了第二版和第三版。首版出版7年后，1891年，恩格斯根据发展了的科学状况，对这本著作做了修改和补充，在斯图加特出版了第四版，并为第四版写了序言。

我们现有的家庭形式是自古以来就有的吗？如果不是，那么，家庭形式的原始状态是什么？又是什么促使它发生了改变？在第四版序言中，恩格斯重点评述了"自巴霍芬至摩尔根对于家庭史的观点的发展"。在他的评述中，我们似乎可以找到家庭形式的发展脉络。

在19世纪60年代以前，人们对于家庭史的认识多半还停留在摩西五经①的影响下，人们忠诚的信赖摩西五经中对家庭形式的描述，"人们不仅毫无保留地认为那里比任何地方都有写得更为详尽的家长制的家庭形式是最古的形式"。并且，这种家庭形式"实际上就根本没有经历过任何历史的发展"。人们把摩西五经中描述的家庭形式和现代资产阶级的家庭形式等同起来。从而从思想深处就信服并且严格的遵守资本主义的家庭制度。我们暂且不去评论这种信服和遵守的意义，而就当时的人们仅仅把摩西五经中对于家庭的描述作为最古形式并且从未进行过任何发展和进化来看，这一教条式的认识就是呆板的，不科学的，起码明显的与我们现在所了解到的事实相悖的。

巴霍芬在1861年出版了《母权制》，家庭史的研究开始了。他根据大量古籍，作了比较研究后指出，人类并不一直是父系的家长制的家庭形式。在人们所了解的父权、父系之前，曾普遍存在过一个漫长的母权、母系的时代。"最初人们实行着毫无限制的性关系"，他把这种性关系称之为"淫游婚"。也就是当时人类的两性关系还是处于"杂婚"状态，人们的交往没有任何的约束和规定，在这个原始状态下，"不但一个男子与几个女子发生性的关系，而且一个女子也与几个男子发生性的关系，都不违反习俗。"以至于人们无法确切地知道父亲是谁，所以只能由母系来确认子嗣和继承财产，因此母

---

① 摩西五经是希伯来圣经最初的五部经典，是《圣经》旧约的第一部分《律法书》，又称摩西律法。包括《创世记》、《出埃及记》、《利未记》、《民数记》、《申命记》。摩西五经主要思想是6个重要的教义：1. 神的创造。2. 人的尊严与堕落。3. 神的救赎。4. 神的拣选。5. 神的立约。6. 神的律法。传统一向认为这是由摩西接受上帝的启示而撰写的，内容是古代的以色列人民间故事，记载了以色列民族的起源，尤其是创世的上帝对他们的启示。并且追溯了家庭的起源。以习惯法的形式自动调节犹太人的生活。

亲便在社会中居于支配地位，享有崇高的威望，完全不像后来那样变成了男子的附属品。这么看来，在远古社会中曾有过母权统治和按母系计算血统与继承财产的制度。也只有在这个历史阶段，女性拥有过"一种自此以后她们再也没有占据过得崇高的社会地位"。

然而，这种杂乱的两性关系的习俗，"由于宗教观念的进一步发展"渐渐消失了，按照巴霍芬的观点，"由于代表新观念的新神计入体现旧观念的传统神内部；因此，旧神就越来越被新神排挤到后边去了。"并且这种习俗"在消失的时候留下了一种痕迹"，就是如果要打破这种"杂婚"的状态，"向一个女子专属于一个男子的个体婚制的过渡"，往往"含有对远古宗教戒律的侵犯（也就是说，实际上侵犯了其余男子自古享有的可以占有这位女子的权利）"，要以"女子暂时有限地献身于外人"作为补偿。从这时起，女性渐渐失去了曾经那崇高的社会地位，男女两性相互的社会地位开始发生历史性的转变。人类社会从母权制逐渐过渡到了父权制。

这种过渡，能够在大量的古典著作中找到证据。《母权论》里面就讲到了这样一个古希腊神话故事。希腊远征军的统帅阿伽门侬胜利后回到家里，却被他的妻子谋害了。俄瑞斯特斯是阿伽门侬的儿子，他为了报杀父之仇，就杀死了自己的母亲和那个奸夫。这样一来，他就犯了弥天大罪。母权制的凶恶维护者依理逆司神就向雅典法庭起诉。雅典法庭当时的审判长就是雅典娜。在审判中，阿波罗是为俄瑞斯特斯辩护的。阿波罗和雅典娜在希腊神话里代表的是父权制新秩序的神。阿波罗说，俄瑞斯特斯的罪行不如他母亲所犯的罪行严重。他母亲犯了双重的谋杀罪。因为她杀死的这个人既是她的丈夫，又是俄瑞斯特斯的父亲。而依理逆司神为俄瑞斯特斯的母亲辩护说，她虽然犯了双重谋杀罪，但是她所杀死的男人跟她没有血缘关系——夫妻没有血缘关系嘛，但是，俄瑞斯特斯杀死的人是他的母亲，是有血缘关系的。这一点，就足以证明俄瑞斯特斯犯的罪要严重得多。于是，法庭进行投票来表决。结果呢，是一半对一半，相持不下。雅典娜女神最后投了俄瑞斯特斯的票，宣布俄瑞斯特斯无罪。"父权制战胜了母权制"，原来为母权制服务的依理逆司神也开始为新的秩序也就是父权制服务了。

在恩格斯看来，巴霍芬的观点虽然有神秘主义色彩，但是，"这在 1861 年是一个完全的革命"。

在巴霍芬之后，约·弗·麦克伦南①发现了"抢劫婚姻"，他把禁止内部通婚的集团叫作外婚制集团，这种集团中的"男子不得不在本集团以外去娶妻，女子也不得不在本集团以外去找丈夫"；而把那种"男子只能在本集团以内娶妻"的集团称为内婚制集团。"并且直截了当地虚构出外婚制'部落'与内婚制'部落'的僵硬的对立"。按照恩格斯的说法，"麦克伦南的功绩在于他指出了他所谓的外婚制的到处流行极其重大意义"，还在于"他认定母权制的世系制度是最初的制度，虽然在这一点上，像他本人后来所承认的那样，巴霍芬已比他先说过了"。总的看来，恩格斯对麦克伦南的批判多于赞许。并在序言中清楚地说明"他那纯粹的理解错了的外婚制'部落'与内婚制'部落'的对立所造成的害处，要多与他的研究所带

---

① 约·弗·麦克伦南，苏格兰法学家和原始社会史家。生于苏格兰因佛内斯。1865 年他撰写的《原始婚姻：婚姻仪式中掠夺形式源流考》问世，此说成为他研究婚姻制度史的理论基础。他认为原始社会中戕杀女婴的习俗造成部落内部妇女的缺少和男子的过剩，其后果有二：一是实行一妻多夫制及由此产生的母权制；二是用暴力抢夺其他部落的妇女为妻，即实行抢夺婚。

来的益处。"

马克思和恩格斯40年前发现了历史唯物主义以后，就致力于运用这一新历史观来研究社会，特别是分析资本主义社会。但是，要论证资本主义制度的暂时性，全面揭示社会发展的规律性，就必须把资本主义社会形态放在总的历史过程中考察。如果不弄清原始社会的历史，就无法描绘一幅完整的人类历史全景，也就无法验证历史唯物主义揭示的人类历史发展的总规律。而在当时，个体家庭、私有制、阶级、国家是怎么产生的，还是一个谜。而1871年，摩尔根提出的许多材料，恰恰成为唯物主义历史观研究根提供了如此丰富和真切的第一手资料，让这一任务的完成变成了可能。

摩尔根在远离欧洲的美国，以他自己的方式，仅仅通过对印第安易洛魁人的长期观察和研究，就"重新发现了四十年前马克思所发现的唯物主义历史观，并且以此为指导，在把野蛮时代和文明时代加以对比的时候，在主要点上得出了与马克思相同的结论"。这正是让马克思和恩格斯激动的地方，因为摩尔根独立研究的结果证明了，历史唯物主义不是马克思和恩格斯的凭空想象，而是从原始社会开始就存在着的人类历史的一般过程和规律。

那么，摩尔根到底说了什么？

《古代社会》的副标题为"人类从蒙昧时代到文明时代的发展过程的研究"。全书分4编，第一编"各种发明和发现所体现的治理发展"，概括的叙述了人类经济文化的发展，认为人类遵循大体一致的途径前进，从阶梯的底层开始，不断进步，登上文明门槛。第二编"政治观念的发展"，指出人类社会有两种组织方式，原始时代是以氏族、部落为基础的氏族制度社会组织，文明时代的阶级社会是以地域和财产为基础的政治社会即国家，认为这是人类历史发展的共同途径。第三编"家族观念的发展"，摩尔根从研究各民族的亲属制度入手，探讨了家庭婚姻的历史。第四编"财产观念的发展"，阐明了历史上存在的两种财产所有制，即公有制和私有制，以及前者向后者的转变。摩尔根根据生活资料生产的进步，对原始社会进行了分期，用来分期的基础和主要标志则是生产力的发展。

纵观摩尔根的《古代社会》，他首先明确的阐明，"内婚制和外婚制根本不构成对立"，知道恩格斯所处的时代，人们也没有明确的关于外婚制"部落"存在的证据，"一个部落分为好几个母系血缘亲属集团，即氏族，在氏族内部，严格禁止通婚，因此，某一氏族的男子，虽能在部落以内娶妻，并且照例都是如此，却必须是在氏族以外娶妻。这样，要是氏族是严格外婚制的，那么包括了所有这些氏族的部落，便成了同样严格内婚制的了。这就彻底推翻了麦克伦南人为地编造的理论的最后残余。"第二步，摩尔根发现"按母权制建立的氏族"，就是后来发展起来的"按父权制建立的氏族"的原始形式，"也就为全部原始历史找到了一个新的基础"。基于此，恩格斯对摩尔根赞誉明显地表现出来，"确定原始的母权制氏族是文明民族的父权制氏族以前的阶段的这个重新发现，对于原始历史所具有的意义，正如达尔文的进化理论对于生物学和马克思的剩余价值理论对于政治经济学的意义一样。"

在两版序言中，恩格斯交代了这部著作的写作原因，既有情感上对马克思的遗愿的尊重，更系统地论述了唯物主义关于人类发展历史的基本理论概述，并且系统地阐明了相关学者的观点和看法，为唯物史观的论述做好准备。

第四节 巴霍芬的伟大发现

在这本著作的通篇论述中，我们能够找到巴霍芬和摩尔根关于家庭史的研究对恩格斯的巨大影响。

本书的副标题《就路易·亨·摩尔根的研究成果而作》已经充分说明了作者在整书中都进行着对摩尔根相关见解的解读。正如他在序言中表明的"在后面的叙述中，读者大体上很容易辨别出来，哪些是属于摩尔根的，哪些是我补充的。在关于希腊和罗马历史的章节中，我没有局限于摩尔根的例证，而是补充了我所掌握的材料。关于克尔特人和德意志人的章节，基本上是属于我的；在这里，摩尔根所掌握的差不多只是第二手的材料，而关于德意志人的章节——除了塔西佗以外——还只是弗里曼先生的不高明的自由主义的赝品。经济方面的论证，对摩尔根的目的来说已经很充分了，对我的目的来说就完全不够，所以我把它全部重新改写过了。最后，凡是没有明确引证摩尔根而作出的结论，当然都由我来负责。"本著作是以路·亨·摩尔根《古代社会，或人类从蒙昧时代经过野蛮时代到文明时代的发展过程的研究》（1877年伦敦版）为基础。

因此，对于摩尔根的观点，我们暂且不做总结。但是，对于巴霍芬的观点，在《起源》中有了明确的标识，我们将其汇总，这样就方便了我们的学习。

"家庭史的研究是从1861年，即从巴霍芬的《母权论》的出版开始的。作者在这本书中提出了以下的论点：（1）最初人们实行着毫无限制的性关系，他把这种性关系用了一个不恰当的名词"淫游婚［Haterismus］"来表示；（2）这种关系排除了任何可以确切认知的父亲，因此，世系只能依照女系——依照母权制——计算，古代的一切民族，起初都是如此；（3）因此，妇女作为母亲，作为年轻一代的唯一确切知道的亲长，享有高度的尊敬和威望，据巴霍芬的意见，高度的尊敬和威望上升到了完全的妇女统治（Gynaikokratie）；（4）向一个女子专属于一个男子的个体婚制的过渡，含有对远古宗教戒律的侵犯（就是说，实际上侵犯了其余男子自古享有的可以占有这位女子的权利），这种侵犯要求由女子暂时有限地献身于外人来赎罪或赎买对这种行为的容忍。"这几个论点，在恩格斯的《家庭》中被赞誉为伟大发现。

伟大发现一：找到部落内部盛行的没有限制的性关系的原始状态

在回顾祖先的生存状态时，总有一些人始终抱着扭扭捏捏的态度，与其说这种扭扭捏捏的态度是因为他们的高尚的情操，还莫不如说是为了服务他们的阶级利益的需要。资产阶级的一些学者极力反对人类最初生活的杂乱性交阶段，想消除人类历史上的这一"耻辱"。殊不知，连人类发展历史都不敢正视的行为该有多么的怯懦，并且显示了他们多大的私心。或许正因为如此，恩格斯才格外赞赏摩尔根能够认为"曾经存在过一种原始的状态，那时部落内部盛行毫无限制的性关系，因此，每个女子属于每个男子，同样，每个男子也属于每个女子。"

并且指出，在别人都是一般谈谈而已的时候，"只有巴霍芬才第一个认真对待这个问题，并且到历史的和宗教的传说中寻找这种原始状态的痕迹，——这是他的伟大功绩之一。"巴霍芬所找到的痕迹存在于历史和宗教的传说中，虽然，这种无限制的性关系并没有追溯到杂乱性关系的社会阶段，只是追溯到了"群婚制"阶段，并且，巴霍芬本人也没有正确地了解他所发现的性关系状态。他把这种毫无限制的，男女互相为性伴侣的状态称之为"淫游婚"，而"淫游婚"事实上是希腊人用以表示未婚男子或过个体婚生活的男子跟未婚女性的性关系，它总是以一定的婚姻形式的存在为前提的。可见，巴霍芬用这个名词来表示原始状态下，部落内部的毫无限制的性关系是多么的不恰当。但是，即便名称的使用是不恰当的，在我们未必可以找到直接的证据去证实这种原始的杂乱性关系的社会阶段的情况下，巴霍芬能够把这个问题提出来作为考察的中心，已经可以称得上是伟大的发现了。

伟大发现二：母权制的发现

在从普那路亚家庭中直接发生的氏族制度中，原始人实行群婚制。这时的群婚制虽然兄弟和姐妹间排除了相互的性关系，但是一定家庭范围内还是相互的共夫和共妻。因此，谁是某一个孩子的父亲是不确定的，而孩子的母亲是谁则是可以确定的。"即使母亲把共同家庭的一切子女都叫作自己的子女，对于他们都担负母亲的义务，但她仍然能够把她自己亲生的子女同其余一切子女区别开来。由此可知，只要存在着群婚，那么世系就只能从母亲方面来确定，因此，也只承认女系。一切蒙昧民族和处在野蛮时代低级阶段的民族，实际上都是这样"。

而这一点，正是巴霍芬发现的，"他把这种只从母亲方面确认世系的情况和由此逐渐发展起来的继承关系叫作母权制"。这被恩格斯成为巴霍芬的第二个伟大发现。由于普那路亚家庭排除了兄弟姊妹间的通婚，只能实行外婚制，这就必然会形成互相通婚的两个集团；一个共同的女祖先和她的若干辈的子女构成一个集团，至于这一集团男子的子孙则随她的母亲归于另外一个集团当中；这样，就逐渐建立起以母系为核心的新的原始共产制的家庭公社，即母系氏族。①

当然，正如恩格斯所强调的，巴霍芬所发现的母权制还是有其欠妥的地方，只不过为了简便起见，恩格斯保留了这个名称。"不过它是不大恰当的，因为在社会发展的这一阶段上，还谈不到法律意义上的权利。"

伟大发现三：妇女占统治地位

这一伟大的发现主要发生在对偶制家庭时期，这个时期"一个男子在许多妻子中有一个主妻（还不能称为爱妻），而他对于这个女子来说是她的许多丈夫中的最主要的丈夫。"但是这种制度与群婚时期杂乱的性交关系或者通奸是有本质的不同的。

在这种家庭形式中，世系仍然按母系计算，子女和过去一样是属于母亲氏族的。对偶夫妻双方的经济生活分别由各自的母系氏族承担，夫妻在对偶家庭中没有共同的财产。因此，之前的共产制家庭经济丝毫没有受到对偶家庭形式的威胁而解体。妇女在共产制家庭经济中的地位是不容小觑的，她们统治着共产制家庭的经济，在家庭内部受到高度的尊敬。这主要是因为在这种经济关系中，妇女是经济负担的主要承担者，她们从事原始的农业生产、采摘植物果

---

① 参阅阎增武：《历史哲学视野中的婚姻与家庭——纪念恩格斯〈家庭、私有制和国家的起源〉问世 120 周年》，南京政治学院学报，2004 年第 6 期。

实，这种劳动收获比较有保障，而且妇女担负衣食养育子女等家务劳动；男子则主要从事于打猎、捕鱼，收获不稳定，在家庭经济中只占次要地位。[①] 妇女不仅居于自由的地位，而且居于受到高度尊敬的地位。共有制的家户经济是原始时代普遍流行的妇女占统治地位的客观基础。

"讲到他们的家庭，当他们还住在老式长屋〈包含几个家庭的共产制家户经济〉中的时候……那里总是由某一个克兰〈氏族〉占统治地位，因此妇女是从别的克兰〈氏族〉中招来丈夫的……通常是女方在家中支配一切；贮藏品是公有的；但是，倒霉的是那种过于怠惰或过于笨拙因而不能给公共贮藏品增加一分的不幸的丈夫或情人。不管他在家里有多少子女或占有多少财产，仍然要随时听候命令，收拾行李，准备滚蛋。对于这个命令，他不可有反抗的企图；他无法在这栋房子里住下去，他非回到自己的克兰〈氏族〉去不可；或者像他们通常所做的那样，到别的克兰内重新结婚。妇女在克兰〈氏族〉里，乃至一般在任何地方，都有很大的势力。有时，她们可以毫不犹豫地撤换酋长，把他贬为普通的战士。"

发现妇女占统治地位，这是恩格斯所说的巴霍芬的第三个伟大发现。

伟大发现四：广泛的从群婚到对偶婚的过渡形式

"古代遗传下来的两性间的关系，越是随着经济生活条件的发展，从而随着古代共产制的解体和人口密度的增大，而失去森林原始生活的素朴性质，就必然越使妇女感到屈辱和压抑；妇女也就必

---

① 中山大学哲学系：《〈家庭、私有制和国家的起源〉学习读本》，北京师范大学出版社 1982 年版，第 37 页。

然越迫切地要求取得保持贞操的权利，取得暂时地或长久地只同一个男子结婚的权利作为解救的办法。"社会经济的发展对原始社会家庭形式从群婚发展到对偶家庭的推动作用。而这一过渡，则主要是由女性完成的。因为这种过渡毕竟是女性最迫切的需要，而对于男性，对偶是从来没有真正实行过的，他们更愿意停留在群婚时代。

在群婚时代，女性专属于一个男子，被认为是对远古宗教的侵犯，这种个体婚制侵犯了其余男子自古享有的可以占有这位女子的权利。因此，要打破这种惯例，女性要改写自己的屈辱和压抑，就不得不找到一个可以能为那个时代所接受的过渡形式。

在对巴霍芬的了解中，我们得知，他有着浓重的宗教的神秘色彩。因此，巴霍芬指出："年年提供的这种牺牲，让位于一次的供奉；从前是妇人的淫游婚，现在是姑娘的淫游婚；从前是在结婚后进行，现在是在结婚前进行；从前是不加选择地献身于任何人，现在是只献身于某些人了。"比如，在巴比伦、前亚细亚各民族以及地中海和恒河之间的亚洲各民族中，保留着带有宗教性质的习俗要求妇女每年到神庙中献身给男子，从而把自己从共夫制下赎身出来而获得只委身于一个男子的权利；又如，在古时的巴利阿里群岛和非洲的奥及娄人和现代的阿比西尼亚的巴里人中，还保留着新郎的朋友对新娘享有初夜权的遗俗等。①

按照恩格斯对巴霍芬的解读，对于向对偶婚的过渡，必须要对违反了古代的神戒而进行赎罪，"妇女用以赎买贞操权利的赎罪，事实上不过是对一种赎身办法的神秘化的说法，妇女用这种办法，把

---

① 艾福成：《恩格斯〈家庭、私有制和国家的起源〉一书关于家庭问题论述》，吉林大学学报，1982 年第 1 期。

自己从旧时的共夫制之下赎出来，而获得只委身于一个男子的权利。"

这种在有着宗教外衣的民族中的从群婚向对偶婚的过渡形式——"一种有限制的献身"，就是恩格斯称之为的巴霍芬的第四个伟大的发现。

第二章 《家庭、私有制和国家的起源》的主要内容

在这本著作的第一章，恩格斯总结了史前各文化阶段。在对原始社会历史进程的概括上，恩格斯认同摩尔根提出的分期法，"摩尔根是第一个具有专门知识而尝试给人类的史前史建立一个确定的系统的人；他所提出的分期法，在没有大量增加的资料认为需要改变以前，无疑依旧是有效的。"

那么按照恩格斯所赞同的摩尔根的分期法，我们的祖先究竟经历过哪些历史发展时期呢？

第一节 原始社会

在恩格斯所处的时代，关于原始社会发展史的研究刚刚起步，所以，恩格斯接受了摩尔根关于古代社会研究的许多成果，沿用了摩尔根将人类历史分为蒙昧时代、野蛮时代和文明时代的分期法，

并把前两个时代中的每一时代分为低级、中级和高级 3 个阶段。与社会发展并行的，还有家庭。只是家庭的发展"对于时期的划分没有提供这样显著的标志罢了"。因此，要了解家庭的发展史，首先要对人类的史前史有一个清楚的了解。这或许也是恩格斯在书中首先要清晰描述史前各文化阶段的作用所在。

一、蒙昧时代

（1）蒙昧时代的低级阶段

这是人类的童年。人还住在自己最初居住的地方，即住在热带的或亚热带的森林中。他们至少是部分地住在树上，只有这样才可以说明，为什么他们在大猛兽中间还能生存。他们以果实、坚果、根作为食物；音节清晰的语言的产生是这一时期的主要成就。在有史时期所知道的一切民族中，已经没有一个是处在这种原始状态的了。虽然这一状态大概延续了好几千年之久，但我们却不能根据直接的证据去证明它；不过，我们既然承认人是起源于动物界的，那么，我们就不能不承认这种过渡状态了。

在这一时期，人类还在热带或亚热带森林里生活，以果实、坚果、根和音节清晰的语言的产生是是该阶段的主要成就。

（2）蒙昧时代——中级阶段

从采用鱼类（我们把虾类、贝壳类及其他水栖动物都算在内）作为食物和使用火开始。这两者是互相联系着的，因为鱼类食物，只有用火才能做成完全可吃的东西。而自从有了这种新的食物以后，人们便不受气候和地域的限制了；他们沿着河流和海岸，甚至在蒙昧状态中也可以散布在大部分地面上。石器时代早期的粗制的、未加磨制的石器，即所谓旧石器时代的石器（这些石器完全属于或大部分都属于这一阶段）遍布于各大洲，就是这种迁徙的证据。新移居的地带，以及不断的活跃的探索欲，加上掌握了摩擦取火的本领，就提供了新的食物，这就是在热灰或烧穴（地灶）中煨烤的淀粉质的根和块茎，以及随着最初武器即棍棒和标枪的发明而间或取得的附加食物——猎物。像书籍中所描写的纯粹的打猎民族，即专靠打猎为生的民族，从未有过；靠猎物来维持生活，是极其靠不住的。由于食物来源经常没有保证，在这个阶段上大概发生了食人之风，这种风气，此后保持颇久。

（3）蒙昧时代的高级阶段

从弓箭的发明开始。由于有了弓箭，猎物便成了通常的食物，而打猎也成了常规的劳动部门之一。弓、弦、箭已经是很复杂的工具，发明这些工具需要有长期积累的经验和较发达的智力，因而也要同时熟悉其他许多发明。如果把已经知道弓箭，但还不知道制陶术（摩尔根认为向野蛮时代过渡就是从制陶术开始）的各民族，彼此对照一下，我们的确就可以看到，已经有定居而成村落的某些萌芽，以及对生活资料生产的某种程度的掌握，如：木制的容器和用具，用韧皮纤维做成的手工织物（没有织机），用韧皮或芦苇编成的篮子，以及磨制的（新石器时代的）石器。火和石斧通常已经使人能够制造独木舟，有的地方已经使人能够用方木和木板来建筑房屋了。例如，在美洲西北部的印第安人中间，我们就可以看到这一切进步，这些印第安人虽然已经使用弓和箭，但还不知道制陶术。弓箭对于蒙昧时代，正如铁剑对于野蛮时代和火器对于文明时代一样，乃是决定性的武器。

二、野蛮时代

按照摩尔根的说法，野蛮时代的过渡是从制陶术开始的。那么，从学会制陶术开始，人类进入了野蛮时代，虽然还只处于野蛮时代的低级阶段。"野蛮时代的特有的标志，是动物的驯养、繁殖和植物的种植。"由于两大陆的自然条件上的差异，从此以后，东西大陆上的居民，便都沿着自己的道路发展，因此东西大陆表示各个阶段的界标也就各不相同了。"东大陆，即所谓旧大陆，差不多有着一切适于驯养的动物和除一种以外一切适于种植的谷物；而西大陆，即美洲，在一切适于驯养的哺乳动物中，只有羊驼一种，并且只是在南部某些地方才有；而在一切可种植的谷物中，也只有一种，但是最好的一种，即玉蜀黍。"

进入中级阶段，在东大陆，是从驯养家畜开始；在西大陆，是从靠灌溉之助栽培食用植物以及在建筑上使用土坯（即用阳光晒干的砖）和石头开始。

我们先从西大陆说起，因为在这里，在被欧洲人征服以前，不论什么地方，都还没有越过这个阶段。

处于野蛮时代低级阶段的印第安人（凡是在密西西比河以东看到的都属于这种印第安人），到他们被发现的时候，已经知道在园圃里种植玉蜀黍、可能还有南瓜、甜瓜及其他园圃植物的某种方法，这些东西构成他们食物的极为重要的部分；他们住在木造的房子里，村落用木栅围起来。西北各部落，特别是住在哥伦比亚河流域的各部落，尚处于蒙昧时代高级阶段，他们既不知道制陶术，也不知道任何植物的种植。反之，新墨西哥的所谓普韦布洛印第安人，以及墨西哥人、中美洲人和秘鲁人，当他们被征服时，已经处于野蛮时代中级阶段：他们住的房屋是用土坯或石头造成的，类似城堡，并且在人工灌溉的园圃内种植玉蜀黍和其他各种依所住地区和气候而不同的食用植物，这些东西是他们食物的主要来源，他们甚至已经驯养了某几种动物：黑西哥人饲养火鸡及其他禽类，秘鲁人饲养羊驼。而且，他们还知道了金属的加工——唯有铁除外，因此他们还仍然不得不使用石制的武器和工具。西班牙人的征服打断了他们的任何进一步的独立发展。

在东大陆，野蛮时代的中级阶段是从驯养供给乳和肉的动物开始的，而植物的种植，在这里似乎直到这一时期的晚期还不为人所知。牲畜的驯养和繁殖以及较大规模的畜群的形成，看来是使雅利安人和闪米特人从其余的野蛮人群中分离出来的原因。在欧亚两洲的雅利安人中间，家畜的名称还是共通的；而栽培植物的名称却几乎完全不同。

畜群的形成，在适于畜牧的地方导致了游牧生活：闪米特人在幼发拉底河和底格里斯河的草原上，雅利安人在印度、以及奥克苏斯河及药杀水、顿河和第聂伯河的草原上。动物的驯养，最初大概是在这种牧区的边缘上实行的。因此，后人便以为游牧民族是起源于这样一些地方，这种地方根本不会是人类的摇篮，相反，对于人类的祖先蒙昧人，甚至对于野蛮时代低级阶段的人，都几乎是不适于居住的。反之，一旦这些处于中级阶段的野蛮人习惯了游牧生活以后，就永远不会想到从水草丰美的沿河平原自愿回到他们的祖先居住过的林区去了。甚至当闪米特人和雅利安人继续被挤向北部和西部的时候，要不是他们已经能够通过谷物的种植在亚洲西部的和欧洲的森林地带这种不大适宜的土壤上养活他们的牲畜，特别是在这里过冬，那他们也是不会移居这里的。十分可能，谷物的种植在这里起初是由牲畜饲料的需要所引起的，只是到了后来，才成为人类食物的重要来源。

雅利安人和闪米特人这两个种族的卓越的发展，或许应归功于他们的丰富的肉乳食物，特别是这种食物对于儿童发育的有利影响。的确，不得不几乎专以植物为食的新墨西哥的普韦布洛印第安人，他们的脑子比那些处于野蛮时代低级阶段而吃肉类和鱼类较多的印第安人的脑子要小些。不管怎样，在这个阶段上，食人之风正在逐渐消失，仅仅当作一种宗教活动或巫术（在这里差不多是一回事）而保存着。

野蛮时代的高级阶段，"从铁矿石的冶炼开始，并由于拼音文字的发明及其应用于文献记录而过渡到文明时代。"在这个阶段，农业迅速发展，人口也大规模的增加，并且开始密集的居住在一定的地域内。当然，这要得益于铁器的广泛使用。手工业，建筑业都进入了空前的发展阶段，"其生产的进步，要比过去一切阶段的总和还要来得丰富。"更值得一提的是，除了生产的进步，各种工艺，艺术，城市的建造，乃至于人类文明的表现形式——文学和神话都进入到全盛时期。回顾荷马的诗中"发达的铁制工具、风箱、手磨、陶工的辘轳、榨油和酿酒、成为手工艺的发达的金属加工、货车和战车、用方木和木板造船、作为艺术的建筑术的萌芽、由设塔楼和雉堞的城墙围绕起来的城市、荷马的史诗以及全部神话"，我们不难看出，野蛮时代的高级阶段已经取得了相当丰富的成就，人类已经进入了文明时代的开端。

总之，可以把摩尔根的分期概括如下：蒙昧时代是以获取现成的天然产物为主的时期；人工产品主要是用作获取天然产物的辅助工具。野蛮时代是学会畜牧和农耕的时期，是学会靠人的活动来增加天然产物生产的方法的时期。文明时代是学会对天然产物进一步加工的时期，是真正的工业和艺术的时期。

三、氏族制度

由于氏族制度与史前各文化阶段和婚姻家庭制度的密切联系，因此有必要在此讨论氏族制度的产生和发展。但氏族制度其实是在普那路亚家族的基础上产生的。

在19世纪中叶以前，人们对于原始社会的社会组织几乎一无所知。摩尔根通过研究印第安人各部落和希腊、罗马等民族的古代史，描述了原始社会的氏族制度，说明它存在的普遍性，母系氏族先于父系氏族，氏族制度发展的结果必然产生它本身的对立物——政治社会，即国家。

在摩尔根的研究基础上，恩格斯补充了他自己研究的新资料，而更重要的是他揭示了原始社会氏族制度发生、发展和灭亡的规律，阐述了马克思主义的国家起源理论。

恩格斯以敏锐的目光看到了摩尔根关于氏族制度的理论"是使整个关于原始社会的科学发生了革命的一个发现"，指出"这一卓越发现把这种原始共产主义社会的内部组织的典型形式揭示出来了。"

这便"一下子说明了古代希腊、罗马上古史中最困难的地方，同时，出乎意料地给我们阐明了国家产生以前原始时代社会制度的基本特征。"《起源》明确地指出，氏族"是一切野蛮人所共有的制度"，是"野蛮民族的社会制度的基础"。恩格斯在确定了氏族制度是原始时代社会制度的基础之后，就用"原始氏族社会"代替了先前马克思提出的"亚细亚生产方式"这个过于广泛的概念，以专指阶级社会以前的社会形态。这一概念的出现，使原始社会各种现象有了各得其所的科学的解释。

这一阶段氏族是社会的基本组织。马克思说："在氏族社会组织中，氏族是基本组织，它既是社会体制的基础，也是社会体制的单位"。氏族社会较长时期是母系氏族公社。随着生产力的发展，母系氏族公社逐步转变为父系氏族公社。母系氏族转变为父系氏族是原始社会最重大的变革之一。恩格斯说："母权制的被推翻，乃是女性的具有世界历史意义的失败。

关于氏族产生以前的情况，《起源》第四版有两大段很重要的补充论述，指出在蒙昧时代低级阶段，有一个从猿到人的过渡状态，即正在形成中的人时期，这时的原始人类依靠群的联合力量和集体行动来弥补个体自卫能力的不足，并以此使自己在发展中脱离动物状态。现在学者们认为，20世纪所发现的腊玛古猿和南方古猿，可能与这一阶段的"群"相适应，有些学者主张称之为"原始群"，群内实行杂交。恩格斯所说的"随着完全形成的人的出现而产生了新的因素——社会"，完全形成的人是从直立人时期开始的。这一时期人们在共同生活的集团内实行血缘婚，这个共同生活的集团，是家庭的第一个阶段，也是人类第一种社会组织形式。

　　《起源》论述了氏族的产生。氏族是由外婚制群婚引起的。氏族内部禁止通婚是氏族的根本规则。氏族一产生就是母系，而不是父系，因为，"共产制家庭经济意味着妇女在家庭内的统治"，而且在群婚的情况下，父亲的世系不能确定，只能从母亲方面确定，所以只能承认母系。最早的氏族只能是同一个女祖先的若干代女系子孙所组成的血缘集团。自一切兄弟和姊妹间甚至母方最远的旁系亲属间的性交关系的禁例一经确立，就形成了由一群姊妹连同她们的子女以及她们母方的同胞兄弟和血统较远的兄弟所组成的集团，这就是氏族。氏族是社会的经济单位。母系制先于父系制的观点，是瑞士学者巴霍芬首先提出来的，但在这个问题上提出新的决定性材料的仍然是摩尔根。恩格斯对这个发现的重要意义作了充分的估价，认为"确定原始的母权制氏族是一切文明民族的父权制氏族以前的阶段的这个重新发现，对于原始历史所具有的意义，正如达尔文的进化理论对于生物学和马克思的剩余价值论对于政治经济学的意义一样。这样就在原始历史的研究方面开辟了一个新时代。母权制氏族成了整个这门科学所围着旋转的轴心"。摩尔根所搜集的大量资料为说明由母系制发展到父系制提供了无可争辩的证据，但对这一转变的经济原因讲得很含糊；而且在说明这个问题时，也如同在说明其他问题时一样，往往把带结论性的观点寓于例证的冗长叙述之中，不能给人明确的概念。无怪乎恩格斯说他的书尽管"内容如此丰富，但写得如此糟糕"。恩格斯却明确地指出，由于生产力的发展，财富的增加，财产开始成为私有，男子掌握了谋取生活资料的手段，成为财富的所有者，他们要把财产传给确实属于自己的子女。私有制的产生成为新的、社会的动力，促使父权制推翻母权制的革命——

人类所经历过的最激进的革命之一——的发生。同时，也产生了新的家庭形式。这样就把问题的关键和实质点出来了。《起源》提到了许多处于父系氏族制时期的民族保留母系制残余的事实，也为母系制先于父系制提供了佐证。《起源》所揭示的从母系氏族制发展到父系氏族制的普遍规律，已为民族学、历史学、考古学等学科的大量研究资料所证实。西方一些学者反对这个理论，但所持理由驳不倒《起源》在100多年前所提出的论证。

关于父系氏族制时期的家族公社，《起源》第一版根据摩尔根的提法，说它的主要标志，一是把非自由人包括在家庭以内，二是父权。后来恩格斯研究了俄国学者科瓦列夫斯基1890年出版的《家庭及所有制的起源和发展概论》，在第四版对这个问题作了重要的补充论述。他称赞科瓦列夫斯基所提出的父系家族公社是对偶家庭向一夫一妻制家庭的过渡阶段的结论是一个重要的发现。父系家族公社既是家庭形式，也是社会组织形式。父系氏族公社时期，社会的经济单位实际上已不是氏族而是家族公社。家族公社由一个男性家长传下来的几代人或几个个体家庭构成，实行土地的共同占有和共同耕作，公社的管理还有民主作风。这种家族公社在各大洲都有存在。《起源》虽然没有确切地说明这种家族公社与包括非自由人在内的家族公社的不同点，但表明它们是有区别的。近几十年的研究成果说明，两者可能是不同的类型或在发展上有先后的关系。恩格斯根据摩尔根的和他自己的资料，详细地叙述了氏族制度的全部组织结构。通过易洛魁人母系氏族社会的氏族、胞族、部落和部落联盟的一系列有机结构，说明全盛时期的氏族制度。希腊、罗马的父系氏族制度在组织结构上与此相仿。每一层组织都有自己的特征和职能。可以看到氏族制度有两个显著特点。第一个特点是，它按血缘关系形成，这是在当时生产极不发达的社会条件下自然长成的结构。"氏族一旦成为社会单位，那末差不多以不可克服的必然性（因为这是极其自然的）从这种单位中发展出氏族、胞族及部落的全部组织。这三种集团代表着不同程度的血缘亲属关系"。作为原始时代社会制度核心的氏族组织以血缘关系为基础，"亲属关系在一切蒙昧民族和野蛮民族的社会制度中起着决定作用，"也是在这个意义上说的，这充分说明原始社会的社会制度在很大程度上受血缘关系的支配。恩格斯告诉我们，"原始状态的标志不是粗野，而是部落古老的血缘关系保留的程度。因此，从这个或那个部落的一些个别现象作出某些结论之前，首先必须确定每一个别场合下的这种关系。"这个深刻的概括对于原始社会史研究有着重要的指导意义。氏族制度的第二个特点是，生活于其下的全体成员依靠氏族组织管理全部公共事务，成员的自动武装组织担负抵御外侮的责任，"没有军队、宪兵和警察，没有贵族、国王、总督、地方官和法官，没有监狱，没有诉讼，而一切都是有条有理的"。《起源》在描绘了这种单纯质朴的氏族制度之后，指出了氏族制度的伟大，同时也是它的局限性。

母系氏族公社向父系氏族公社的转变是生产力发展的结果。在新石器时代晚期和金石并用时期，畜收业发展起来了。家畜等新的财富最初归氏族所有，但不久就成了私有财产。"这些财产，一旦转归各个家庭私有并且迅速增加起来，就给了以对偶婚和母权制氏族为基础的社会一个有力的打击。由于畜牧业的发展和锄耕农业向犁耕农业的过渡，过去妇女在锄耕农业中的优越地位逐渐被男子在畜牧业和犁耕农业中的优越地位所代替。到了这时，妇女就限于家务劳动。

财富的增加和男女经济地位的变化，必然引起财产继承制度的变化。在母系氏族公社中是严格规定财产留在氏族里，但是后来，当财富转归各个家庭私有以后，当家庭中生身的父亲的身份也确立以后，男子成为牲畜、奴隶的占有者，自然希望将来把它们传给自己的子女。社会经济的发展，要求一种新的氏族组织来代替母系氏族。这样父系氏族就应运而生了。

母权制转变为父权制是通过逐步过渡的形式实现的。摩尔根说："在血婚制和伙婚制家族中，父权既不为人所知，也不可能产生；在偶婚制家族中，它开始作为一种微弱的势力出现，但随着家族愈来愈个体化，它在稳步地向前发展，最后在能够确认出孩子的父亲身分的专偶婚下完全确立了父权"。恩格斯也指出：废除母权制"这并不像我们现在所想象的那样困难，因为这一革命——人类所经历过的最激进的革命之一，并不需要侵害到任何一个活着的氏族成员。氏族的全体成员都仍然能够保留下来，和以前一样。"既然这场革命木会侵害到任何一个氏族成员，也就是说不存在敌对社会势力的斗争，因而可以通过逐步过渡的形式来实现这个转变。

在母权制下，对偶婚最初是实行妻方居住，以后在仍然实行妻方居住的情况下，为确立父权，男子就开始以自己的姓氏来名家族名，继而用来命子女名，从而打破了以女子的氏族名来命名家族名和子女名这条传统的母权制原则。

随着男子经济地位的不断增强，男子就不再实行妻方居住，而是把妻子娶到自己的氏族中来，即实行夫方居住。与此同时，对偶婚逐步过渡到一夫一妻制。这样按照父亲血统来计算和确认子女的财产继承权终因妻方居住被夫方居住所否定而日益确立起来。马克思认为，母权制向父权制的过渡，"一般说来，这似乎是一个十分自然的过渡"。

第二节　家　　庭

《起源》第二章专门探讨个体家庭的起源，占全书正文的1/3篇幅。作者在这一章使用的方法和资料，基本都是摩尔根的，例如婚姻家族发展阶段的划分，以及通过亲属制度追溯婚姻家族历史形态等。摩尔根是根据亲属制考察历史上婚姻家族形态的发明人，恩格斯完全肯定，并精辟解释道，亲属称谓并不是一些空洞的名称，而是实际上流行的对血缘亲属关系的亲疏和辈份的观点的表达。

按照摩尔根的说法，亲属间的称谓反映了亲属制度。而亲属制度是对亲属关系的反映和记录，也就是说，一定的亲属制度反映了一定的家庭婚姻关系。但是，"当家庭继续发展的时候，亲属制度却僵化起来；当后者以习惯的方式继续存在的时候，家庭却已经超过它了。"也就是说，要真正科学地认识我们的家庭形式，我们是不是不能一蹴而就地看待它，一概而论地理解它？"像这样的一种制度，是需要从历史上来说明的，决不能像例如麦克伦南所企图做的那样含糊过去。"家庭不是从来就有的，它的产生、存在和发展受一定的社会经济关系的制约。

在家庭中，父母与子女的关系，构成了一个家庭最基本的关系。

对于我们现在的家庭形式来说，父母和子女之间有着严格的血缘要求，我们只叫自己的父母为爸爸妈妈。父母也只对自己嫡生的孩子为儿子或者女儿，这个严格的界限是不容混淆的，父母与子女的关系甚至构成了一个人其他亲属关系的基础。

但是，摩尔根在追溯家庭的历史的过程中，认为存在过一种原始状态，"那时部落内部盛行毫无限制的性关系，因此，每个女子属于每个男子，同样，每个男子也属于每个女子。"这种现象称为"群婚制"。在恩格斯看来，群婚制是杂论性关系的社会阶段之后晚得多的一个形式，但是这种形式的产生也是人们现实生活条件所决定的，而非像巴霍芬所认为的是起源于人们的宗教观念。虽然巴霍芬从历史的和宗教的传说中找到了群婚制的痕迹，并冠名为"淫游婚"。

然而，这种原始状态下的群婚制受到了恩格斯同时代人们的抵触，并把它视为一种"耻辱"。当时的人们用各种方式来反对它的存在，认为它缺乏直接证据，或者将人类同其他的动物相比较。认为群婚制只有在低级动物那里才会发生，就连鸟类这个级别的动物都存在着忠实的专偶制。然而，人类既不起源于鸟类，也无法找到动物界的性关系关于人类和他当时所处的原始社会的任何证明，以至于恩格斯讽刺地说"如果严格的专偶制是各种美德的最高峰，那么优胜的棕叶就应当属于绦虫了，因为绦虫在其 50~200 个关节或体节的每一节中都有完备的雌雄性器官，终生都在每个体节中自行交合。"那么在人类所属的哺乳动物中呢，这里存在着性生活的一切形式，"杂交、类似群婚的形式、多妻制、个体婚制。"即便是人类的近亲——类人猿，所表现出情况也不一样，4 种类人猿有时是单偶，有时是多偶。大猩猩和黑猩猩以不多的数量生存，而没有"以群的联合力量和集体行动来弥补个体自卫能力的不足。"所以，非但大猩猩和黑猩猩那样的生活条件无法向人类的状态过渡，没能进化成人类，更说明，我们不能用它们的家庭形式来推断原始人类的家庭形式了。

至于妒忌这种情感，或许它使动物形成了紧密的家庭联系，但是，它必然削弱或者暂时瓦解了任何共居生活的群。"雄者的忌妒，既联结又限制着动物的家庭，使动物的家庭跟群对立起来；由于这种忌妒，作为共居生活较高形式的群，在一些场合成为不可能，而在另一些场合则被削弱，或在交尾期间趋于瓦解，最多不过是，其进一步的发展受到阻碍。"然而在实现从猿到人的伟大历史征程中，要"以群的联合力量和集体行动来弥补个体自卫能力的不足。""而成年雄者的相互宽容，没有忌妒，则是形成较大的持久的集团的首要条件，只有在这种集团中才能实现由动物向人的转变。"人类已经由动物转变为人的铁证说明，那些认定人的家庭形式应从动物的家庭形式推断而来的家伙们的论断是多么的不可靠。如果按照他们的推断，人类反而又回到了动物界。可见，"动物的家庭和人类的原始社会是两不相容的东西"。生活条件决定了动物性的雄性嫉妒心理必须受到抑制，它也确实被抑制了。人类没有像动物那样，出现了对群的危险和分裂。相反，由于物质生活的需要，产生了动物没有的家庭，而这种最古老最原始的家庭形式就是群婚。由此可见，那些要证明一夫一妻制是天生的人们必然要接受群婚制的挑战。

那么，群婚究竟是什么样的呢？

群婚表现为"即整群的男子与整群的女子互为所有，很少有忌妒余地的婚姻形式。其次，在较晚的一个发展阶段上，我们又发现了多夫制这种例外形式。"在群婚制时期，血亲婚配是一种普遍的形式，"不仅兄弟和姊妹起初曾经是夫妇，而且父母和子女之间的性关系今日在许多民族中也还是允许的。"并且这并没有引起人们的反感和憎恶。这是我们不能用现在的观念来评断它的。当时的性关系，更是一种杂乱的性关系。"所谓杂乱，是说后来由习俗所规定的那些限制那时还不存在。"婚姻完全可以在杂乱的性关系状态下发生，甚至它与杂交状态都不矛盾。我们现在再来理解群婚时，应该考虑到当时人的生活条件，"只要还戴着妓院眼镜去观察原始状态，便永远不可能对它有任何理解。"在这看似奇怪的现象背后，在我们现代人觉得混乱的称谓之间，事实上揭示了历史上曾经存在过的家庭关系，恩格斯把它称为我们了解原始婚姻家庭的"社会的化石"。恩格斯认为，杂乱性关系乃是与"动物状态向人类状态的过渡相适应"，这种杂交不能算婚姻家族，直到进化成直立猿人，才开始有婚姻家族和社会。"被共同的婚姻纽带所联结的范围，起初是很广泛的，后来越来越缩小，直到最后只留下现在占主要地位的成对配偶为止。"那么，在我们现在的家庭形式之前，人类历史上还经历过哪些家庭形式呢？

（1）血缘婚家族，称为血缘家庭。此婚制是摩尔根对夏威夷人和洛图马人亲属制研究后发现的。恩格斯说：夏威夷的亲属制度使我们不能不承认这一点，因为它所表现的血缘亲属等级只有在这种家族形式之下才能产生。这种婚姻形态最原始，大概产生于蒙昧时代低级阶段的直立猿人，当时还未有性别分工，狩猎采集结合于一体，生产活动按年龄分群进行，一群人在一起生产和多半时间在一起生活，乃是产生群内通婚的一种必然条件。同一年龄段的诸成员结成生产群体就是所谓的"辈分"或"范畴"。其婚姻特点是按范畴来划分婚姻集团，在一个家族内，摩尔根和马克思将其划分为5个范畴，即祖、父、己、子和孙，恩格斯在"起源"一书中划分为4个范畴，即祖、父、己和子。不论多少范畴，每一范畴都是年龄相近的男女，《起源》称他们是同胞兄弟和姊妹，属于一个通婚圈子。这种通婚关系，排除了父母和子女之间的通婚，是实行同胞兄弟姊妹通婚的一种婚姻家族制度，其亲属制摩尔根取名"马来式亲属制"。我国云南省基诺族解放前还实行马来式亲属制，不少民族的传说也有描述兄弟姊妹通婚的内容。

（2）普那路亚家族。"普那路亚"是夏威夷人语，即伙伴之意，有的著作称此婚作为"伙婚"。《起源》根据夏威夷人资料研究此家族形态。血缘婚进化为普那路亚婚，它提到两个动因：第一是自然选择的作用。当人们发现近亲通婚的诸多弊端后，家族内部的通婚便渐渐受到禁止。恩格斯说："不容置疑，凡近亲繁殖因这一进步而受到限制的部落，其发展一定要比那些依然把兄弟姊妹婚姻当作惯例和规定的部落更加迅速，更加完全。"因为实行家族外婚对体质有强壮和进步的明显作用，原始人遂逐渐推广起来。第二是生产力的发展。此时原始人已使用弓箭，猎物成了日常食物，可用皮毛为衣，大大促进人类本身的变化，人口比以前增加了，当时即旧石器晚期，全球有人口约300万人，同以前比较，每1 000年增长8%。由于以上两个原因，使一些人口较多的血缘婚家族分裂成较小的家族公社，开始在家族内部禁婚，形成外婚集团。这种外婚集团的组成是，"一列或者数列姊妹成为一个公社的核心，而她们的同胞兄弟则成为另一个公社的核心。摩尔根称之为"普那路亚的家族形式"。这是走出血缘婚家族的第一步。这种形式后来又有一系列变种，它的主要特征是一定的家族范围内相互的共夫和共妻，不过，妻子的兄弟（起初是同胞，以后更及于血统较远的）被排除在这个家族范围以外，另一方面也把丈夫的姊妹除外。《起源》指出，一个普那路亚家族就是一个氏族，并说："看来，氏族制度，在绝大多数情况下，都是从普那路亚家族中直接发生的。"

当然，世界各民族也还有另外形式的外婚制，如澳大利亚的结婚等级。对此，《起源》说道："澳大利亚的级别制度也可以成为产生氏族的出发点；澳大利亚人有氏族，但他们还没有普那路亚家族，而只有比较粗陋的群婚形式。所谓"澳大利亚的级别制度"是：一个部落分为两群人，即两个婚级，一个婚级又分为男女两个性级，同一婚级的男女禁婚，两个婚级的男女则是生来的夫妻。这样的婚级因实行外婚制，所以恩格斯说澳大利亚的婚级也是产生氏族制度的出发点。

（3）对偶制家庭。《起源》根据易洛魁人资料指出："对偶制家庭产生于蒙昧时代和野蛮时代交替的时期，大部分是在蒙昧时代高级阶段，有些地方刚刚达到野蛮时代低级阶段。这是野蛮时代所特有的家庭形式。"对偶制家庭是一对男女组成的并不稳定的家庭，若干个甚至几十个对偶制家庭组成一个母系大家族。母系大家族之上是氏族，易洛魁人的"长屋"就是一个母系大家族的住宅，一排长屋内隔成许多小房间，一个房间有一个火塘，住一个对偶制家庭。对偶制家庭的婚姻是群婚后期向单偶婚过渡的一种家庭形态，乃个体家庭的萌芽。但对偶婚却早已存在，《起源》明确说："某种或长或短时期内的成对配偶制，在群婚制度下，或者更早的时候，就已经发生了", 但不能称为对偶制家庭。

普那路亚家族发展成对偶制家庭的主要条件也是由于生产力的进步, 即由物质条件引起的。不过《起源》没有具体讲述其内容, 只讲到易洛魁人的财产如工具、日用器皿、粮食、战利品等为家族公有, 个人财产一般只限于身上所携带的那一部分如衣服、装饰品等。每个对偶制家庭轮流做饭, 然后由女族长均分给每个家庭。由于实行大家族公有, 对偶制家庭并没有自己的经济基础, 因而很不稳定。其主要特点有三: ①氏族或母系大家族的男个体与另一氏族或母系大家族的女个体通婚, 形成许多容易结合同时容易离散的对偶关系, 子女仍属女方氏族。易洛魁人的婚姻和纳西族"阿注婚"即是。纳西族有固定配偶和临时配偶两种, 前者数年, 后者数日不等, 有的人除了固定配偶外, 还有一两个临时配偶。②通婚范围逐渐缩小。在易洛魁人中, 凡为他们所承认的亲属都不能通婚, 禁婚规范达数百种; 纳西族是同一个母系家族的人禁婚, 三代以后可通婚。③夫妻关系很不牢固, 男女都可以主动提出离异, 又另寻配偶, 有的人一生离合十数次甚至数十次之多。

《起源》还讲到印度和西藏的多夫制, 恩格斯认为这是群婚的一种特殊形式, "男子过着多妻制的生活, 而妇女则过着多夫制的生活"。它无疑也是一种对偶婚。社会发展到野蛮时代高级阶段时, 生产力有了显著的发展。在畜牧地区, 人们开始把畜群据为己有, 饲养牲畜成为男人的事情。宜农地区的一些民族, 原来主要由妇女劳动的锄耕农业, 发展为主要由男子劳动的犁耕农业。财富增加了。在这种情况下, 男子成为生产资料的所有者, 妇女开始转入家务劳动。男子为了把属于自己的这些财产传给自己的子女, 就要求自己的子女是亲生的，而且必须属于自己氏族，世系必须按父权制来确定，这就发生了父权制代替母权制的转变。恩格斯认为这个转变很简单，只要有一个简单的决定，规定以后氏族男性成员的子女应该留在本氏族内，而女性成员的子女应该离开本氏族，转到他们父亲的氏族中去就行了。这样就废除了按女系计算世系的办法和母系继承权，确立了按男系计算世系的办法和父系的继承权。《起源》根据肖尼人、迈阿密人和德拉韦人资料，认为是通过按父系氏族给子女取名字来达到此目的。可是从现代民族学资料看，母系转为父系继承权所经历的过程是相当复杂和漫长的。纳西族实行阿注婚地区，有少数双系大家族，即在一个家族内，分男娶和女不嫁两半边，结果男子所生子女属男方，开始建立父系家族，其姊妹所生子女属女方，保持原有的母系家庭。两半边分属父系和母系两个家族，有的经过好几代人之后完全转变为父系大家族，但也有倒退到母系大家族去的。由母系家族转变为父系家族，便是父系氏族，建立家长制家庭公社，个体家庭由此得到巩固，开始了专偶制家庭的历史。

（4）专偶制家庭。专偶制家庭主要特点有三：第一，建立在私有制经济基础之上；第二，是男子居于统治地位的固定配偶关系；第三，个体婚与杂婚并存，所谓专偶制仅是对妇女的要求，男子纳妾不受追究。它是人类婚姻家族发展的第四个形态，与文明时代相适应。把专偶制的历程分为3个阶段：

第一，古典专偶制家庭。刚从对偶婚发展而来，经济基础是私有制，丈夫是一家之长，多以女奴为妾，妻子地位低下，职责是生育子女和做家务。《起源》说："在历史上出现的最初的阶级对立，是同个体婚制下的夫妻间的对抗的发展同时发生的，而最初的阶级压迫是同男性对女性的压迫同时发生的。"由此萌生了阶级和阶级压迫。

第二，现代专偶制家庭。虽然法律上也承认男女平等和婚姻自由，但对违法者并不过问和追究。《起源》说，在资产阶级中间，"婚姻都是由双方的阶级地位来决定的，因此总是权衡利害的婚姻。这种权衡利害的婚姻，在两种场合都往往变为最粗鄙的卖淫——有时是双方的，而以妻子为最通常。"无产阶级无财产可以继承，在家庭中男子没有统治妻子的经济基础，妻子通常也参加社会生产，和丈夫一样有收入供养自己，能与丈夫享有平等地位。《起源》认为，只有在无产阶级中间，"性爱才成为并且也才可能成为对妇女的关系的常规，不管这种关系是否为官方所认可"。可是，由于无产阶级的贫困地位，生计没有保障，卖淫和通奸现象也常有发生。这样就决定了"专偶制的经常伴侣——淫游和通奸"难以克服。

第三，真正的专偶制家庭。历史上专偶制家庭之弊归因于妇女在经济上受压迫的地位。要克服其弊，必须彻底废除不平等的经济基础，妇女必须像男子一样参加社会生产和社会活动，以及在法律上确保男女享有一切平等权利。具备这些条件，人们才能享受到结婚的充分自由，实现真正的专偶制家庭。

以上就是《起源》阐明的人类婚姻家族发展的全过程。"这样，我们便有了3种主要的婚姻形式，这3种婚姻形式大体上与人类发展的3个主要阶段相适应。群婚制是与蒙昧时代相适应的，对偶婚制是与野蛮时代相适应的，以通奸和卖淫为补充的专偶制是与文明时代相适应的。在野蛮时代高级阶段，在对偶婚制和专偶制之间，插入了男子对女奴隶的统治和多妻制。"即是说，人类史有3种婚姻形态——群婚、对偶婚和专偶制婚，4 种家族（家庭）形态——血缘婚家族、普那路亚家族、母系大家族和个体家庭。其中在母系大家族向个体家庭的过渡中经历了长期的父系大家族。这就是《起源》所阐明的个体家庭的起源。

大量鲜活的社会现实告诉我们，现代婚姻家庭的困惑是毫无疑问地存在着的。上文说过，一夫一妻制的起源并不是个人性爱的结果，它同个人性爱没有任何关系。它的产生不是以自然条件为基础，而是以经济条件为基础的。本质上来说，这种婚姻形式仍然是权衡利害的婚姻。因此从一开始，这种婚姻形式就意味着一种负担，一种必须履行的义务——"丈夫在家庭中居于统治地位，以及生育只可能是他自己的并且应当能够继承他的财产的子女。"固然，后来随着社会的发展，随着妇女经济地位的提高及其在家庭中的地位的提升，一夫一妻制婚姻的内涵不再具有或是不再仅仅具有这种最初的负担和义务，但是，毫无疑问，一夫一妻制婚姻对于双方当事人来说，更多的仍然是义务和负担，只是这种义务和负担具有了更为丰富的现代意义罢了。从这里开始，问题要从两个方面进行分析。

第一，既然一夫一妻制婚姻形式的起源是以经济条件为基础的，意味着一种必须履行的责任和义务，那么婚姻中的双方当事人就不应该逃避担负责任和履行义务，更不应该由此而抱怨婚姻。现代婚姻的意义确实是一种契约形式，现代人也拥有选择订立或是不订立契约的自由，同时订立了契约之后还有解除的自由，但是，所有这些自由却丝毫没有消除或解除一夫一妻制婚姻本身所赋有的责任和义务。因此，现代人在订立婚姻契约之前，就必须慎重，要充分考虑到婚姻所需要担有的责任和义务，并充分考虑自己的承受能力和履行能力。现代社会中，这个能力已经不仅仅是经济的能力，还有心理的承受能力、感情的承受能力、外界压力和影响的承受能力等等。而一旦订立婚姻契约，就不可以逃避婚姻所有赋有的责任和义务；如果逃避这些，也就是逃避了婚姻，婚姻也就失去了存在的意义，因为从一开始，婚姻和责任义务就是共生的。

第二，既然一夫一妻制婚姻最初的责任和义务仅仅是丈夫在家庭中居于统治地位，以及生育只可能是他自己的并且应当能够继承他的财产的子女，那么现代人赋予婚姻的太多的责任和负担。比如保持爱情鲜活不败，比如维持夫妻恩爱如初，比如夫妇性爱持久热烈，比如家庭中男女地位绝对平等，比如望子成龙等等，显然已经超越了一夫一妻制婚姻最初的负担和义务。由此看来，从家庭个体来说，如果某个家庭能够全部完成并履行这些责任和义务，当然是幸事；如果不能全部完成或履行，并因此而感叹或抱怨婚姻的话，是不是作茧自缚或是徒增烦恼呢？尽管可以说，在我们所知道的一切婚姻形式中，一夫一妻制婚姻是现代性爱能在其中发展起来的唯一形式，但是这也并不意味着现代性爱作为夫妻相互的爱完全或主要是在这一婚姻形式中发展起来的。本质上来说，在男子牢牢统治下的个体婚制是排斥这一点的。并且，事实上，在历史上"第一个出现的性爱形式，那种中世纪的骑士之爱，就根本不是夫妇之爱。恰好相反，古典方式的、普罗旺斯人的骑士之爱，正是极力要破坏夫妻的忠实，而他们的诗人们所歌颂的也正是这个。"恩格斯曾经讲过："如果说只有以爱情为基础的婚姻才是合乎道德的，那么也只有继续保持爱情的婚姻才合乎道德。"他的这番话更多的是针对传统的一夫一妻制婚姻的不可解除性而论，并且指出如果感情确实已经消失或者被新的爱情所排挤，婚约的解除于双方于社会都是幸事。恩格斯也曾经讲过，"不以夫妻相互性爱和真正自由的协议为基础的任何婚姻都是不道德的。"这是针对恋爱婚姻自由是人的权利，也是妇女的权利而论。当然夫妻制婚姻形式发展到现代，的确已经更多地是建立在自由爱情的基础之上的，或者更确切地说，现代人最初确实更多地的是由于相互爱慕而自由订立婚约以期终生厮守的，这是我们竭力渴求的、也是迄今为止最为理想的合乎道德的婚姻形式。但是，且不论这种相互爱慕的程度和持续的时间各异并且终会趋于平淡，即便是相爱终生，也丝毫没有消除婚姻所应担有的责任和义务，丝毫没有改变一夫一妻制婚姻的本质。现代人所面临的因为彼此或单方面不爱了而懊恼，或者不能随心所欲地去爱他人而烦恼等等诸多问题，正是由于婚姻本身所能约束和保证的毕竟不是爱情或是性爱，而是责任和义务。为爱而婚是幸事，爱能持久一生更是大幸之事，但是，倘若爱情不能持久，也无可厚非，无可烦恼，也并不一定因此就要轻易地、简单地或是不顾一切地解除婚约，因为婚姻的内涵远远大于爱情；倘若出现了婚外情，也无须如临大敌，因为从某种意义上可以说，一夫一妻制婚姻从一开始就伴随着男性的事实上的群婚制，一夫一妻制婚姻的起源可以说是男人的性欲对于男人统治地位的获取的一种妥协，妥协的结果就是以通奸和卖淫为补充。如果说一夫一妻制婚姻的产生是经济根源，它的衍生物就是人性的力量了。在现代社会里，女性已经取得了法律意义上平等的社会地位和家庭地位拥有了爱的权利和婚姻的自由，但是，一夫一妻制婚姻却还没有如恩格斯所说的"由此而达到的妇女的平等地位，根据以往的全部经验来判断，与其说会促进妇女的多夫制，倒不如说会在无比大的程度上促进男子的真正的一夫一妻制。"恰恰相反，在现代社会里，无论男人还是女人都试图突破或是逾越这个樊篱，这不能说是一种倒退，相反可以说是一种进步，一种更高层次的进步，因为大家是在一种理性的状态来试图突破或是逾越，是"带着镣铐跳舞"，绝不是一种蒙昧和野蛮状态的随心所欲。并且，这种超越的力是不可忽视的，因为它出自人的本能；也是不可全然避免的，因为这正是被一夫一妻制所排斥的人的本性。

需要补充的是，对于妇女来说，这也不是一种简单的循环往复。我们知道从群婚制过渡到对偶制，是由于经济的发展，古代共产制的解体，人口密度的增大，人们的居住地逐渐从森林迁徙到草原，也逐渐失去了原始生活的素朴性质，这时，群婚制形式下的两性关系，越来越令妇女感到屈辱和压抑，她们迫切地要求取得保持贞操的权利，取得暂时地或长久地只同一个男子结婚的权利作为解救的办法，因此，巴霍芬认为，由群婚向个体婚的过渡这一进步主要应归功于妇女，而从对偶婚制向一夫一妻制的进步则主要是男子的功劳，实质上是妇女地位的恶化，且便利了男子的不忠实。现代一夫一妻制婚姻中，妇女的地位得以提升，妇女拥有了爱的权利和婚姻的自由，却仍然渴望着更大的性爱自由。但是，这绝不是一种简单的循环往复，而是一种更高点的循环往复，如同大树在年轮的回复中得以长高一样，妇女也正是在这种循环往复中长大成熟。

摩尔根认为一夫一妻制家庭的进一步发展是一种进步，一种向两性权利完全平等的接近。不过，他说，"如果一夫一妻制家庭在遥远的将来不能满足社会的需要，那也无法预言，它的后继者将具有什么性质了。"也许，所有的这些都是一种尝试、一种探索，而所有的这些探索和尝试毫无疑问地都是建立在一定的经济基础之上的，同时也须臾离不开人性的本能。随着经济的发展、社会的进步，文明逐渐剔除蒙昧，压制野蛮，人性却始终在其中闪烁着不灭的光芒。

第三节 母权制

一、母系氏族社会与母权制的含义

人类脱离原始群的主要特征，便是按血缘关系为纽带组成一定的集团。最初的氏族组织是以母系为中心，成为母系氏族公社。我国古代传说中的三皇——伏羲、女娲、神农时代，即是关于母系氏族社会的生活反映。在《起源》中，母系氏族的典型代表是易洛魁人的氏族。

母系氏族社会在人类的历史发展阶段中处于野蛮时代的中级阶段，开始出现了驯养家畜以及在灌溉的帮助下栽培食用植物以及在建筑商使用土坯和石头。然而，这种栽培食物并不等同于农业，还远没有达到农业的水平。随着食品得到了保证，曾经出现过的食人之风也处于逐渐消失中。对于火、弓箭的使用已经很熟练了，也学会了制陶术，但是还没有掌握铁矿石的冶炼。人类发明了青铜器，极大地改善了生产工具，提高了社会生产率。纺织等手工业获得发展。

人们开始实行原始共产制的共同的家户经济。除去某些工具（比如弓箭、石器、木器）为私人所有以外，畜群、土地、居舍、食物等都属于氏族公有。"共寒""共饥"是原始共产制的真实写照。这主要是由于当时产品极端贫乏而不得不采取的原始平均主义的分配原则。

当人类进入母系氏族社会，近亲繁殖已经受到了限制。"一列或者数列姊妹成为一个公社的核心，而她们的同胞兄弟则成为另一个公社的核心。摩尔根称之为普那路亚家庭的形式，便经过这样或类似的途径而由血缘家庭产生出来了……它的主要特征是一定的家庭范围内相互的共夫和共妻，不过，妻子的兄弟（起初是同胞的，以后更及于血统较远的）被排除在这个家庭范围以外，另一方面也把丈夫的姊妹除外。"

母系氏族社会是母权制社会时代的社会基本结构，易洛魁人氏族作为一母系氏族的典型，它的产生最直接的动因来自人伦关系改进的需要，考虑提高人口素质方面的需要。"在一切形式的群婚家庭中，谁是某一个孩子的父亲是不确定的，但谁是孩子的母亲则是确定的。即使母亲把共同家庭的一切子女都叫作自己的子女，对于他们都担负母亲的义务，但她仍然能够把她自己亲生的子女同其余一切子女区别开来。由此可知，只要存在着群婚，那么世系就只能从母亲方面来确定……这种只从母亲方面确认世系的情况和由此逐渐发展起来的继承关系叫作母权制"。

母权制时期，世系不是依照父亲而是依照母亲计算，母亲作为自己子女的唯一确实可靠的亲长的这种最初的地位，便为她们、从而也为所有妇女保证了一种自此以后她们再也没有占据过的崇高的社会地位。"全体或大多数妇女都属于同一氏族,而男子则属于不同的氏族,这种共产制家庭经济是原始时代到处通行的妇女统治的物质基础。"也就是说,"在一切形式的群婚家庭中,谁是某一个孩子的父亲是不能确定的,但谁是孩子母亲却是知道的"。由此可知,只要存在着群婚,那么世系就只能从母亲方面来确定,因此,也只承认女系"。

至于财产,"根据母权制,就是说,当世系还是只按女系计算的时候,并根据氏族内最初的继承习惯,氏族成员死亡以后早先是由他的同氏族亲属继承的。财产必须留在氏族以内。最初,由于财物不多,在实践上大概总是转归最亲近的同氏族亲属所有,就是说,转归母方的血缘亲属所有。但是,男性死者的子女并不属于死者的氏族,而是属于他们的母亲的氏族;最初他们是同母亲的其他血缘亲属共同继承母亲的,后来,可能就首先由他们来继承了;不过,他们不能继承自己的父亲,因为他们不属于父亲的氏族,而父亲的财产应该留在父亲自己的氏族内。所以,畜群的所有者死亡以后,他的畜群首先应当转归他的兄弟姊妹和他的姊妹的子女所有,或者转归他母亲的姊妹的后代所有。他自己的子女则被剥夺了继承权。"

正是财产的分配,是母权制受到了父权制的严重严重考验,面临着废除的命运,但是,我们必须承认的是,母系氏族社会"这个重新发现,对于原始历史所具有的意义,正如达尔文的进化理论对于生物学和马克思的剩余价值理论对于政治经济学的意义一样。它使摩尔根得以首次绘出家庭史的略图;这一略图,在目前已知的资料所容许的限度内,至少把典型的发展阶段大体上初步确定下来了。非常清楚,这样就在原始历史的研究方面开始了一个新时代。母权制氏族成了整个这门科学所围着旋转的轴心；自从它被发现以后，人们才知道，应该朝着什么方向研究和研究什么，以及应该如何去整理所得的结果。"

二、母权制的产生和发展

母权制氏族的产生及其本质和向父权制的过渡，乃是我们对史前社会正确认识的关键。

关于母权制的产生和确立，向来被归结为两个原因。其中的一个原因是从当时的经济生活来考虑的。根据考古学和人类学的材料，在母权制产生的初期，人类处于采集——狩猎型社会。在这种社会中，"由于性别和年龄的差别，也就是在纯生理的基础上产生了一种自然分工。"即妇女采集（植物的野果块根等），男子狩猎（或者还有捕捞）。由于当时工具简陋，因此，狩猎的成果少且不稳定。相反，采集为种族提供了数量丰富和稳定的食物来源。这样，妇女在母系时代初期的物质生活中就占据了主导地位。到母系氏族的繁荣时代，原始农业在妇女长期采集的过程中被发明出来了，妇女于是又成为农业劳动的主要力量。一句话，妇女之所以被社会尊重，并导致母权制氏族的产生，原因之一就是她们在当时的物质生产领域中处于主导地位。她们作出了比男子更大的贡献，于是生前受到尊重并享有较高的地应以及死后的厚葬就成了理所当然的事了。

但是，这个理由是站不住脚的。首先，我们提出这样的问题：人类的远祖是不是狩猎？那种所谓"自然分工"是不是从来就有的？狩不狩猎是没有人表示怀疑的。它们是规矩的草食动物。可是猿不是人，因此不足为证。但是，处于从猿到人的过渡状态中的那些动物到底应该叫人还是叫猿呢？这是个纠缠不清的问题。现在"中庸"一下，名之为猿人，最古的猿人是我们的始祖。迄今发现的猿人在考古学上称为腊玛古猿。对诸多腊玛古猿化石的研究，得出了这样的结论："他们是一种地面的草食者，他们的食物主要是植物性的。"这就告诉我们，在我们祖先的这个阶段，狩猎是不存在的，至少它还没有获得一种专门生存手段的活。即便他们可能也吃一定分量的肉"，但是这种偶尔获得的奢侈品还不足以造成所谓的"自然分工"。到南方古猿时期，肉食的成分有所增加。但是否业已产生自然分工尚不可考。无论如何，可以肯定的是：如果我们是从猿进化来的，那么狩猎为一种生产手段并不是从来就有的。因此，采集是那种"自然分工"产生以前唯一手段。但是一当变迁迫使我们祖先不能光依赖采集而生活的时候，他们就发明了狩猎（或者还有捕捞），并必须作出选择：派社会的哪一部分人去狩猎呢？无疑，狩猎更需要强悍和勇敢，也许还可以加上机智。指望女人干好这件事是不现实的。虽然有时候女人和孩子也参加围猎，但她们所做的最多只是站得远远地呐喊而已（这使我想起柏拉图在他的方阵里，很明智地把女人摆在男人的后面）。于是这个重任就历史地落在男人的肩上了。因此当我们轻松地谈到"自然分工"时，男人的工作要比女人的工作艰巨得多这一点是切不可忘却的，看来它一直都被忘却。这从"自然分工"这个名词就可看出。由于男人工作的艰巨性和风险性，他们只获得少而不稳定的成果是不能表明他们的无能的。同时，女人的工作（采集）由于较为容易、风险不大，所以她们获更多的劳动成果时也就不足以引以为傲了。

　　母权制产生和确立的另一个理由是从当时的婚姻关系来说明的。在人类进化的初期，性关系被认为是纯粹杂乱的。这种杂婚制由于自然选择的原则先后经过了下列家庭形式——血缘家庭、普那路亚家庭、对偶家庭，最后是一夫一妻制的个体家庭。伴随着普那路亚家庭产生的是母系氏族，或者说是早期母权制，与对偶家庭相联系的则是母系氏族的繁荣阶段。

　　这两种婚姻形式有一个共向的特点：它们都是采取"男到女家"的形式。不过这种男到女家又有两种形式。其中一种方式我们可以通过恩格斯对原始共产制大家庭的论述来了解。在这种大家庭里，女人属于同一个氏族，（作为丈夫的）男人则来自别的氏族。他们有义务为他们所在的氏族的公共贮藏品的增加作出贡献。当然当他们"离婚"或死去时，他们的财产将回归他们原来的氏族。另一种形式"男到女家"采取一种不太彻底的形式：男人只是晚上到外氏族的一个不拒绝他的成年姑娘那里过夜，天亮后仍回到他原来的氏族，为自己的氏族干活。这两种婚姻形式的结果是显然的：一个男人可以同时或不同时有好几个妻子。同样，一个女人也可以同时或不同时有好几个丈夫。这种状况被说成是婚姻关系上的杂乱。由于这种杂乱采取男子拜访女子的形式，后代就"只知其母，不知其父"了。父亲无法确定，孩子就归母亲所有，并且计算世系只可能按母系来进行。于是母权制氏族就"几乎是必然"地产生了。

　　这个理由虽然初看起来是可信的，但也将被证明为不能成立。首先，我们对母权制下"只知其母，不知其父"是不是必然产生的问题提出质疑。如果它并不是必然的，也不是普遍的，那么这个理由至少就被动摇了。

考古学和人类学的材料都表明，当时一个氏族活动的范围不仅是基本固定的，同时也是相当狭隘的。而且，人口数量也相当有限。这使得氏族之间的婚姻关系也相当确定。比如说，甲氏族的男子一律和乙氏族的女子结为配偶。例外情况通常很少见。一定时期内稳定的夫妻关系从来就没有被事实所否定，也没有为恩格斯本人所否定。半坡遗址的发掘以及摩尔根在《古代社会》中对易洛魁人母系家庭的描述，都使我们得出这样的结论：婚姻关系很多时候都没有混乱到这样的程度，以致于孩子不可能知道他的父亲是谁。而且，对父子关系的双方来说，重要的并不在于他们之间是不是有血统关系，而在于他们之间有没有父子之间的权利和义务。即便是在我们现代社会，父子关系中的那种生理上的血统继承也并不是最主要的因素。父子关系与其说是一种生理关系，不如说更多的是一种社会关系。它首先是两者之间的一种承诺，在这种承诺中生理上的因素并不是必然的，以及由这种承诺所伴随的权利和义务。可以说，在当时的情况下，要给孩子确定一个父亲是完全没有什么困难的。如果当时竟没有确定，那并不是因为不能知道这个孩子的生身父亲，而是因为父亲在当时对孩子来说还没有什么意义。现代意义上的父子之间的权利和义务是不存在的。

就是摩尔根自己也为我们提供了相反的例证。它表明母权制下孩子是可以知道他的父亲的。在谈到氏族成员有给新出生的孩子命名的权利时，他写道：当一个孩子出生后，首先由他的母亲给他命名。但"还需要等到本部落召开下一届的会议，在会上宣布这个婴儿已经诞生，并宣布他的名字，他母亲的名字及其所属的氏族，他父亲的名字等等。该婴儿的命名手续才算正式完毕。"有什么比这个更有力的证据呢？由此可知，孩子的父亲是可以知道的。但是此时孩子的父亲和他的孩子似乎还没有什么关系，父亲被冷冷地放在后边，他根本没有想到他对他的孩子有什么非做不可的事情。权利和义务是不存在的。由此也证明，父子关系的确立更多地仰赖于社会关系的确立，而不是仰赖于生理血缘关系的继承。

实际上，即使承认在某些地方的确存在那种孩子"只知其母，不知其父"的情况，但试图以此来说明母权制的产生也是徒劳的。"只知其母，不知其父"的这种状况的原因只能归结为当时的婚姻形式，但这种婚姻形式正是需要说明的东西。

如果有谁以为母权制下的婚姻形式的本质只在于性生活的杂乱及由此造成父亲的难以确定，那他就犯了一个严重的错误。所谓"杂乱"只意味一个男人（或女人）可以同时或不同时和几个女人（或男人）保持性关系。这不但在母权制下是普遍的，在父权制氏族下，这种状况也是更常见的。比如说父权社会的一妻多夫制，要确定孩子的生身父亲一定不比母系氏族下更容易些。另外，在众多的父系社会中，女子在婚前的性生活是相当自由的。有些民族把它们未结婚的女儿送到一个庙里让她们"自由恋爱"。在结婚后，许多丈夫慷慨地把他们的妻子让给来访的朋友甚至路人。如果遭到拒绝的话，他们甚至还要生气。这时，孩子的生父就更难确定了，但丈夫们从来不为此烦恼，他们毫不犹豫地把他妻子生的所有孩子都当作自己的孩子。可见，对血统的重视是一件相对来说晚近得多的事。这里的性关系不能说不杂乱，但问题的关键不在于杂乱与否，而在于杂乱所采取的方式。

母系氏族下的婚姻形式可以有许多种，但是最本质的只有两条：

一是男子到另一个氏族的女子那里去；二是婚姻的产物归母亲所在的氏族所有。因此，所谓母权制下孩子"只知其母，不知其父"实际上应是孩子"只归其母，不归其父"。孩子的父亲可以知道，但既然他们分属不同的氏族，那么知不知道此时就无关紧要了。

我们由此明白母系制度的最重要含义乃在于婚姻的产物归母方所在的氏族所有。母权制下的各种婚姻形式无一例外地都保证了这一点。

母权制之所以产生，当时的婚俗之所以采取一种男子拜访女子的形式，最根本的原因乃在于在当时情况下，人口生产（种的繁衍）比物质生产占有更高的地位而成为当时社会生活中的第一位的生产。这决不是一件不可想象的事。人的繁衍是缓慢的，孕育期长，生育量小，成活率低。如果同时存在着这两种较高的死亡率，种族的绵延就会不可遭免地面临危机。一定数量的人口是在任何一个种族生存和发展的首要前提。上述的这种危机使人口生产在社会生活中占首要地位。在研究史前文化的过程中，我们会发现一种到处都流行的对生殖的崇拜。尤其是对女性生殖的崇拜。把这种崇拜理解为一种简单的性交的欲望是肤浅的。实际上，它表述了人们对人口增殖的渴望。

当人口生产成为社会的第一位的生产，妇女对于种族的重要性就是显而易见的。至于这种人口繁殖采取一种什么方式，也就是说，人口增殖的利益怎样在社会的各个集团之间进行分配，就是下一步要考虑的首要问题了。这也就是婚姻关系及由之决定的后代的归属问题。此时如果采取"男婚女嫁"的形式，女人长大以后要嫁到别的氏族去的话，对于养育女孩子的氏族无疑是不利的。因为每个氏族都不愿本氏族的女人"外流",于是,男子拜访女子就成为不可避免的唯一的选择了。尽管男人进行物质生产很能干,但此时物质利益已经成了次要的利益,因此在某些时候作出这种牺牲将是在所不惜的。男子被"逐出"氏族的结果,是女人得以留下,于是哪个氏族的女人更多,则它就更有机会获得更多的人口。这就是母权制下的婚姻关系的真正本源。

可以看出,母权制的产生和确立就是为了刺激人口的繁殖增长,因为一定数量的人口是人类生存和发展的基础,是文明社会的前提。女人为此作出了较大的贡献,她们因此获得相应的报酬——母权社会的荣耀。

经济社会的发展,为母权制家庭到父权制家庭的过渡创造了条件。

其一,由母权制家庭向父权制家庭正常过渡的经济前提,首先是农业生产上使用金属工具,由锄耕农业向犁耕农业的过渡,由对动物的驯养过渡到畜牧,以及对外交换的发展,从而引起男女社会分工发生深刻的变化,妇女虽然还参加各种生产活动,但男子已开始在农业生产中起决定性的作用。正由于男女社会分工发生深刻变化的结果,便终于引起了由母权制氏族变革为父权制氏族,这种变革导致了家长制家庭的产生与发展。恩格斯指出:"男子在婚姻上的统治是他的经济统治的简单后果"。男子从生产到交换都已开始取得支配地位,是男子摆脱母权制家庭的物质条件。男子在婚姻方面停止了外出访问,将自己的妻子娶到家里来,从而打破了传统的母权制婚姻秩序。男女在经济生活和婚姻关系中所发生的深刻变化的直接后果,便是引起财产继承制度的改变,适应父权制的产生,原来由女儿继承的财产改由儿子继承。已经建立的持久的夫妻关系，妻子在家庭中隶属于丈夫，为由儿子继承财产创造了方便条件。

恩格斯在论证家长制家庭的历史地位说："家长制家庭公社乃是母权制共产制家庭和现代的孤立的家庭之间的中间阶段"。由于刀耕火种农业必须依靠公社的全体成员集体进行，所以土地等生产资料仍然属于父系氏族和家庭公社集体所有。虽然在刀耕火种的农业生产的领域里，从砍伐森林到焚烧森林，男子都起着主导的作用，但妇女在经济生活中的作用仍然很重要。随着一夫一妻制家庭的正式建立，这种建立在个体经济基础的个体家庭，开始冲破父系氏族的血缘纽带，过渡到由三四个或者还多的异姓氏族成员杂居的村社。这种由几个异姓氏族成员杂居的村社，实际上多是互相通婚的异性氏族。

其二，妇女沦为买卖的对象。由母权制氏族变为父权制氏族首先是社会生产力发展的结果，是由于男女在经济生活中的地位发生深刻变化的结果，因此完成由母权制向父权制的发展则是家庭最深刻并具有历史意义的一次革命。正如恩格斯对这次家庭革命的特点所指出那样："这并不是像我们现在所想象的那样困难，因为这一革命——人类所经历的最激进的革命之一，并不需要侵害到任何一个活着的氏族成员。氏族的全体成员都仍然能够留下来，和以前一样。"但是这一革命不能不充满着激烈的斗争。

在母权制下，在对偶家庭里，互相通婚的男女成员仍然是属于自己的氏族成员，他（她）们仍在自己的家里从事生产，并不发生家庭劳动力的增加或减少。男子仅在过婚姻生活时才到妻子所在的氏族去访问，夫妻之间缺少乃至没有任何的经济联系。但发展到父权制家庭阶段后，情况就完全改变了。这时女子必须离开自己的氏族，嫁到丈夫所在的氏族，自从过渡到从夫居的阶段，就产生了家庭劳动力的转移。在这种情况下，男子虽在经济的领域里获得支配地位，但是母权传统的习惯，女子还不愿意立刻顺从地嫁过来。这时，男子为了获得妻子就不能不借助于购买和抢。恩格斯对此曾极其深刻地论述过，他说："在以前的各种家庭形式下，男子是从不缺乏女子的，相反女性倒是多了一点，而现在女子却稀少起来，不得不去寻找了。因此，随着对偶婚的发生，便开始出现劫夺和购买妇女的现象，这是发生了一个深刻得多的变化的普遍迹象"。

父权制家庭存在着不可克服的内在矛盾。在对偶家庭里，男女的婚姻关系还多半是平等的，妇女是家庭的主人，妇女在婚姻方面还拥有较多的主动权，这时更不知道什么贞操观念。在家长制家庭和一夫一妻制家庭建立之后，男子为了保卫对妻子的所有权，产生了要求妻子遵守贞操的观念，妻子如果同其他男子通奸，他们认为这是对夫权的侵犯。而作为家长制家庭和一夫一妻制家庭主体或主人的丈夫并不遵守贞操，认为男子多妻是一种荣誉。已婚的男子同未婚的乃至已婚的女子继续发生关系成为男子享有盛誉的特权，妻子却无权干涉。这种在家长制家庭和一夫一妻制家庭里在贞操方面所存在的矛盾，就在于"妇女愈来愈被剥夺了群婚的性的自由，而男性却没有被剥夺"，所以形成这种片面性，就是因为"一夫一妻制"的产生是由于大量财富集中于一人之手，并且是男子之手，而且这种财富必须传给这一男子的子女，而不是传给其他任何人的子女。为此，就需要妻子方面的一夫一妻制，而不是丈夫方面的一夫一妻制。

当然，丈夫对妻子的绝对统治，自然会引起妻子对丈夫的绝对统治的反抗。妇女在生产领域中的作用，则规定了她们在家长制家庭和一夫一妻制家庭中的地位。在家长制家庭中，虽然一些家庭还过着原始共产制生活，由于妇女已失去了生产中的重要地位，因此妻子只不过是家长的助手，仅仅起着管家婆的作用，主要是负责保管粮食，分配食物教育子女成员。妇女对有关氏族的、家庭的重大问题已无权过问。至于一夫一妻制家庭，妇女无论在家庭或社会里都处于从属地位。

总之，在家长制家庭阶段，男子在家庭中就已拥有极大的权力，妻子及其子女都隶属于家长，男子对妻子拥有绝对支配权。随着一夫一妻制家庭正式确立，这种建立在私有制上面的一夫一妻制家庭则是为私人的财产继承权服务的生活组织形式。这种一夫一妻制家庭，实际上是一种片面的一夫一妻制家庭，仅仅是对妇女而言的一夫一妻制。这种建立在私有制基础上面的片面性，构成了一夫一妻制内在的对抗。恩格斯曾经极其深刻地揭露这种对抗说："在历史上出现的最初的阶级对立，是同个体婚制下的夫妻间的对抗的发展同时发生的，而最初的阶级压迫是同男性对女性的奴役同时发生的"。这种对抗在私有制下是无法加以解决和克服的。只有社会主义革命在各个民族地区的胜利，随着私有制之逐渐消灭，并在更高的基础上建立社会主义所有制，改变各个民族原有的家庭关系，才能实现妇女在政治上、经济上以及在社会生活的各个方面与男子完全平等。

有一个问题需要注意，从母权制社会到父权制社会转变，既有生产与技术进步的原因，也有人的原因，即人自身的生产与人的主观性能动性的原因。"根据唯物主义观点，历史中的决定性因素，归根结蒂是直接生活的生产和再生产。但是生产本身又有两种，一方面是生活资料，即食物、衣服、住房、以及为此所必需的工具的生产；另一方面是人类自身的生产，即种的繁衍。一定历史时代和一定地区内的人们生活于其下的社会制度，受着两种生产的制约。"这段话是恩格斯在《起源》第一版序言中讲的。由于两种生产的明确提法在书的正文中不十分明显，显然这就成了恩格斯对这一思想的再明确和再补充的理由。我国史学界，甚至哲学界，恰好忽视了这一点。大多片面地理解了生产的含义，舍弃了生产还包括"人类自身生产"这个重要方面。恩格斯在6年后的一封信中说："根据唯物史观，历史过程中的决定性因素，归根到底是现实生活的生产和再生产，无论马克思和我都从来没有肯定过比这更多的东西。如果有人在这里加以歪曲，说经济因素是唯一决定性因素，那么他就是把这个命题变成毫无内容的，抽象荒诞无稽的空话"。又说："经济状况是基础，但是对历史斗争的进程发生影响并且在许多情况下，主要是决定着这一斗争形式的还有上层建筑的各种因素，这里表现出这一切因素间的交互作用，否则，把理论应用于任何历史时期，就会比解一个最简单的一次方程式更容易了"。目前，我们狭隘地把生产理解为"经济"，"经济决定一切"的公式套用在一切历史时期。经济专指物质资料的生产，它排除了人的自身生产，同时也否定了这种生产在转化中的巨大作用。这不啻是对历史唯物主义的曲解，也是对马克思、恩格斯关于直接生活的生产和再生产决定历史进程，这一光辉思想的简单化和庸俗化。"转化原因"是一个关系到历史唯物主义基本观点的原则性问题，而且其意义远不止在这个问题上，许多领域都存在着这种简单化倾向。历史进程中，许多复杂问题都冠以千篇一律的套语：物质资料生产——经济发展的必然结果。这不仅不是科学，简直就是恩格斯所指责的"毫无内容的，抽象的，荒诞无稽的空话"，是历史观中的机械论和形而上学。对历史若无深入的探索、详尽的考究和具体细致的分析，而用一个永恒的公式来复印，这只能使本来意义上的科学变成胡说八道。真理同谬论之间，既有天壤之别，又无不可逾越的鸿沟。恩格斯后来针对上述错误倾向，曾做了认真严肃的批评和自我批评："青年们有时过分着重经济方面，这有一部分是马克思和我应当负责的，我们在反驳我们的论敌时，常常不能不强调他们否认的主要原则，并且不是始终都有时间、地点和机会来给其他参与交互作用的因素以应有的重视。"马克思和恩格斯一贯认为，决定历史发展进程的是"交互作用"是"合力作用"。不仅有生产的，还有上层建筑的作用；不仅有经济的作用，还有种的繁衍、社会风俗、地理环境等作用。

《起源》一书正是用了大量篇幅叙述了人类婚姻方式的沿革，深刻剖析它的实质，详尽论述了人的自身生产——性生产的历史。这种生产恰恰构成母权制向父权制转变的生产因素之一，而且是它的重要因素。

人，按其自然属性，首先重视的是自身生存，其中重要方面是生殖繁衍。距今越久远，人类越远古，这种属性反映得也越充分，越突出。因此，人类势必将"造人"视作神圣而伟大的事。我国远古神话传说，就是将"造人"与"开天辟地"视为同等重要的。从现今的一切宗教或神话传说中，我们可以清楚的看到，人类对这个问题的认识大体经过如下几个阶段："神创说"、"图腾说"、"女性造人说"和"男性造人说"等。《圣经旧约》中，有上帝在第六天模仿自己造了亚当的记载。亚当是人类的始祖。古埃及传说中，有一个人身羊头的哈奴姆神，用水和土造了人。古希腊神话是十二提坦神之子，普罗米修斯造了人。我国也有"女娲抟黄土造人"的传说。女娲既是神又是人，据说她是人头蛇身。这反映"神造人"已在向"女性造人"过渡。总之，"神创人"看来是人类对自身生产的最初认识。随着物质生产和人类自我生产的发展，出现了图腾崇拜。世界上相当多的民族把某一动物视为自己的同族或祖先，这是造人说的一大进步，这毕竟使人的始祖从幻境回到了生物界。随后人类又认识了女性在造人中的作用，这使人类始祖由外界回到人本身。这是人类认识自己的真正开端。国内许多古文化遗址中，大量出土的壁画、雕刻多为女性即是一个明证。我国最近出土的牛河梁女像——中国的维纳斯，就很好地证实了这一点。人类此时已开始了对"性"的初步认识。与这一时期对应的自然是母系社会的建立。这说明，在人类自身生产的进程中，确曾有过将种的繁衍归功于女性的母亲黄金时代。在这个生产水平上所表现出的方式即是杂婚和群婚。也正是由于这种性生产方式也才必然产生对女性的崇拜。在这种生产方式下，子女无论如何不可能确认"父亲"，其实也根本没父亲的概念。繁衍后代仅仅是女性的工作，男性自然被排除在外。据此，我们不无理由认为决不仅仅因为母亲在家庭中的劳动占主要地位，才使他们受到尊崇，进而才形成母权社会。这仅是原因的一个方面。而长期被人们忽略了的另一个方面就是人们自身的生产使他们确认了女性的造人作用，所以才产生了与之相适应的社会结构。

　　同理可证，父权社会的建立也是如此，如果强调在劳动中的地位的话，这劳动在很大程度上应该是指养育子女的劳动，只有这样才能坚持两种生产的观点，坚持两种生产相统一的观点。有什么样的物质生产方式也必然有与其相适应的人类自身生产方式。低级的生产力水平不可能有高级的"性"生产方式以及婚姻形式与制度。从此种意义上说，家庭方式、性生产方式、影响和制约着整个社会。严格说来，"家庭"的概念在母权时代是不存在的。因为它排除了男性。那仅仅是一个氏族的群体——以老祖母为首，连同一大群儿孙在一起的氏族。只要有了现代家庭———夫一妻制一旦产生，我们便可断言：父权已经建立起来了，因为一夫一妻制家庭不仅是两性结合的产物，而且是"两性对立冲突的产物"（恩格斯语），家庭的建立即是宣告母权的破产，也是终结了双方随意择偶的局面。因此，家庭的产生既是物质生产发展到一定水平的产物，同时也是两性对立统一的结果。片面强调男子经济地位上升才导致母权的倾覆是不妥当的。因为任何无视家庭变迁中，两性对立统一这个内部动力，无视家庭的建立，不仅是两性的结合，同时也是两性间的制约，来认识所谓家庭革命都是片面的。今天，在刚果人民共和国北方，妇女仍旧是主要劳动力，男子什么活也不干，但却处于支配地位。这说明经济作用同家庭地位的一致性并非绝对的。人所处的社会地位首先是分工（无论强制的或自愿的分工）造成的。

如果将分工问题推而广之，我们自然发现，在人类所经历的前几个社会形态中，承担主要劳动的，即占据重要经济地位的人们，均不占有支配地位。他们——这些先进生产力的代表正是为争夺这种支配权而进行的斗争才成为推动历史发展的真正动力。在阶级社会中，劳动者不占据支配地位和他们争得支配权进行的斗争同样是绝对的。人们或许认为母系氏族是原始共产制，男子因其经济作用，自然而然会取得支配权。这实际上是一种误解。因为问题一旦谈到"支配"与"被支配"的关系时，实际这共产制已经解体了。马克思主义认为："最初的分工是男女之间为了养育子女而发生的分工……在历史上出现的最初的阶级对立，是同个体婚制下的夫妻间的对抗发展同时发生的。而最初的阶级压迫是同男性对女性奴役同时发生的。"这一论述为我们重新认识原始社会及其结构、分期等提供的一把钥匙。这一论述同时还意味着：两种生产是同时产生、同步发展，共同对历史进程发生作用，而且也是不可分离的。这说明，社会之分裂为阶级与夫妻间的对抗发展是一致的。家庭与社会是一致的、性生产与经济生产是一致的。正因为这样，我们也才认为，仅凭经济因素来推断人们的社会地位是不全面的、不完整的。

母权制时期，男子的狩猎也并非不重要。也就是说，决不仅仅因为男子的劳动不重要才使其处于"被支配地位"。在中外古文化发现和古遗址挖掘中，兽骨的发现占有相当的数量。甚至可以说，有人类生存的地方就有兽骨存在。这就有力地证明了，人类早期的生活，在很大程度上是依赖狩猎的。当然男子毫无疑问地是这一劳动的主要承担者。但是，男子为什么没有"支配权"呢？实际上，很大程度取决于男子在人类自身生产——性生产中的位置的不重要。因为在杂婚及群婚形态下，个体男子是可有可无的——也可说等于没有。女子似乎成了人类自身生产的唯一承担者，子女的唯一赡养者。两性在这种生产——造人中的不同作用，也就决定了他们各自的不同社会地位。

财产继承问题也是存在的。但这是个派生从属的问题。因为，即使在新石器阶段，生产力也仍是十分低下的。人们尚不能脱离自身生存与种的繁衍，这个头等大事去瞩意财产归属。财产，最初所包含的内容也只能是工具。就是新石器时代，生产工具也不可能专属私人。随着生产力水平的发展，某些工具可能转归个人使用，但最初的所有权必定还是公社。一旦有了私有，现代家庭也就出现了，因为当时的生产单位还不可能是个人而只能是家庭。家庭不仅作为两性结合的单位，而且是社会生产的细胞。高加索地区"男子坐褥"的例子只能说明：男子实际上在家庭中已然占居了支配地位。不然，他没有可能在妻子分娩后，还能将她赶走，自己躺在床上。男子此时取得了家庭的支配权，但又不能使子女名正言顺地归属自己——按男子血统来排列世袭，其根源不正是因为男子被排除造人之外吗？可以想见，这种行为的出发点不正是为了追求两性生活中的地位吗？这个例子反映的本质，首要的不是财产归属，而是男性对女子的追求，进而对造人作用于的追求。财产归属在这里只是附产物。

对偶家庭和对偶婚是导致母权解体的重要前提。从巴霍芬、摩尔根直到恩格斯，都给予它以充分的肯定和详细的说明。这种婚姻方式是人类自身生产中的重要阶段，是人类认识自己的一个里程碑。由于它才给予认识"父亲"的作用以契机和可能。也正因为有了这种两性结合的形式，人类才得以由"母亲造人"向前迈进一步，进入了"父亲造人"的阶段。这是人类揭开造人之谜，把握自己繁衍生息的钥匙的开端。把对偶婚看作人类迈向文明的一个大门是不过分的。人类凭借它，尽管形式尚不固定，但却能够从其中的特例——偶然性上，得以发现自己繁衍生息的奥秘。所谓特例是指其中"较为固定的结合"与"结而不合"两种情况。"较为固定的结合"、"虽结却不合"——此种情况也许更是微乎其微，但绝对不能排除其可能性，这势必造成两性双方不会繁衍后代，同时又为人类提供一种比较。这种比较大的有利于认识男性在生殖中的作用，以致于人们一下子就误认为男子在"造人"中起了绝对的作用。历史的必然往往由这些偶然表现出来的，人类对繁衍生息的认识是自我生产过程的反映，人们的婚姻形态是这种生产的实现方式。人类对"造人"奥秘的认识来源于自身生产，同样也依赖于物质生产。如果家庭不能够作为生产力的独立因素，那人们对男性作用的认识是不会上升到这个高度。这种认识一旦确立必定反转过来给予两种生产以强大的反作用，借以推动母权向父权的转化。

男权的确立，反映在意识形态上便是人类对祖先的崇拜，郭沫若的《殷契余论》对甲骨卜辞中的"祖妣"进行了很详尽考证。他认为"祖"就是甲骨文中的"且"父亲的称谓，并且是男子的生殖器。他认为"古文祖不从示，妣不从女"。郭老又说："然则祖妣之朔为何耶？曰祖妣者牡牝之初字也。"故可省为"且"。郭老认为：祖＝且＝男子生殖器。可见，我们现在所谓的祖宗观念本是对男子生殖器的崇拜的遗留。

这一认知和结论早已为史学界所普遍接受。至于"且"即是男子的生殖器的祖先崇拜物，已是一个无需证明的公认事实了。它说明，在人类自身发展的历史进程中，确曾有那么一个阶段，对男性，进而对男性生殖器达至无限崇拜的地步，这是人类将繁衍生息的功劳归于男子的标志，同时也是男权至高无上的标志。郭老又认为："然此有物焉可知其为人世之祖者，则牡牝二器是也，故生殖器神之崇拜几与人类而俱来。其在西方新、旧石器时代之器物已有发现，足证其事之远古。"可见，人类一经摆脱了神，动物和女性创人阶段，便产生了对男性生殖器的崇拜。从前，人们似乎以为"崇拜"是男权建立之后的事情，这是不对的。这两者都属于上层建筑，都产生两种生产。人们从这种生产实践出发，从生存和延续后代出发，一旦发现了男性在人的生产中的作用，也就理所当然地引起对"且"——男性生殖器的崇拜，随之而来的才可能是与这相适应的男性权力的建立。

三、原始社会中的女性地位

1861 年，瑞士法学家巴霍芬发表了《母权论》。据恩格斯说，巴氏在该书中表达了这样的观点：在人类的早期社会中，女性作为母亲，作为年轻后代的唯一确切知道的亲长，享有高度的敬重和威望，这种敬重和威望竟达到了女性的完全的统治。从恩格斯的转述我们得知，在巴霍芬那里，"母权制"包含了按母亲计算世系（按：这就是学者所说的"母系制"）和女性在社会中拥有统治地位两层含义，并且他突出了后者的重要性，这被恩格斯称为"巴霍芬的第三个功绩"。可以看出，巴霍芬将"母系制"与"母权制"混为一谈了，我认为，巴氏的论断是后来学者在此问题上争论不休的根源。

芬兰学者韦斯特马克干脆抹杀了巴氏关于"母权制"两层含义的区别。他认为："'母权'的含义是：世系完全由母亲一方来计算；一个人生来属于母亲所在的社会群体，而非父亲所属的群体。"他一再强调，"母权"只有一个稳固不变的特点，这就是世系从母亲一方来计算，而非从父亲计算。可见，韦氏所说的"母权"即"母系"，而且他还批评了巴霍芬把母权解释为妇女至上的产物，从而否认了巴霍芬的第二层含意，即"妇女的完全的统治"。

从《家庭、私有制和国家的起源》看，恩格斯更多地批评了韦氏而吸收了巴氏的某些思想，当然这种吸收也是建立在科学批判基础上的。恩格斯认为，血统最初只能以女系即从母到母计算，母亲是子女唯一可靠的亲长的身份这种最初的地位，便为她们以至一般女性保证了一种"崇高的社会地位"。请注意，"崇高的社会地位"并不是"妇女的完全的统治"的同义语。恩格斯实际上对巴霍芬的观点经过了思想上的过滤，对于巴霍芬将这种由母亲方面确认血统及随着时代进展而由此发展起来的承继关系叫作"母权制"的说法也表示过怀疑。当时，他已经觉察到这个概念"不大恰当"，但他"为了简便起见"，才"仍然保存了这一名称（按：即母权制）研究者习惯于引用恩格斯一些概括性的语句，而未能注意到恩格斯在思想深处曾有过至少是暂时的疑虑。恩格斯虽然借用了巴氏"不大恰当"的概念，但他实际上主要还是从"母系"角度立论的。

在《起源》一书中，恩格斯以马克思对摩尔根《古代社会》所做的摘要为基础，对摩氏的理论进行了新的阐发，再次肯定了摩尔根关于"母权制"及其与"父权制"先后关系的结论，并且将这一理论对于原始历史研究的意义与达尔文的进化论在生物学以及马克思的剩余价值学说在政治经济学中的意义提升到同样的高度。这样，随着恩格斯的《起源》被国内学者的广泛学习，摩尔根也在中国得到了他生前从未享受过的盛誉。他们的学说也对整个后来的史前研究产生了深远的影响。

20世纪60年代，英国著名人类学家M·布洛克在《马克思主义与人类学》一书中对这些争论作了恰当的、总结性的概括。他指出："摩尔根给人造成一种印象：以母亲来计算血统与妇女的高地位之间有着直接的联系。这种联系得到了另外一些学者的进一步强调，这些学者混淆了'母方世系'与'母权制'两个概念，前者指以母方来计算血统，后者指由妇女实行统治。事实上，妇女地位与根据这一方或那一方来计算血统都没有直接的联系。纵然一个人不是因为其父亲是谁而是因为其母亲是谁而归属于某一群体，这也决不意味着妇女在该群体中享有很高（或低）的特殊地位"。他主要给我们说明了两个问题：第一，母系制与母权制是两个不同的概念。前者是说继承的规则，而后者是说继承权力的事实归属。这就对自巴霍芬以来的概念混乱问题进行了清理，而对概念的界定又是科学研究的重要前提。第二，母系制社会中女性的社会地位并不一定很高，在母系制与母权制之间并无必然的递进关系。母系制不能推导出母权制的结论，因为从大量的人种志来看，继承所依赖的规则和被继承的权力的事实拥有者之间并不等同。马林诺夫斯基在考察了特罗布里恩特岛土著居民后说，女性家族的真正保护者不是女性本身，而是她的兄弟。这可以归结为一个公式：每一代人都由女人来延续世系而实际体现者却是男人；或者换句话说，一个家族的权力和功能尽管不得不由女系来传承，但实际行使者却是男人。这可以从酋长担任者的性别和在家族中的地位看出。澳洲一些部落中有从母系嗣，有从父系嗣，母系中妇女地位并不见得比父系中女子地位崇高或生活优裕。英属哥伦比亚的特林吉人和他们的近邻都是从母系嗣的，但母族的权利却操纵在舅父手中，某种财产亦由舅父传至外甥。霍皮人和祖尼人也是从母系嗣，但家族中首领是妻子的兄弟而非妻子。在卡伊人母系社会中，酋长为男子，行父传子制。女人做过头领，在易洛魁氏族里，尽管丈夫处在卑微在特罗布里恩特岛人母系社会里，"母亲承认母舅的的地位，权力却由兄弟实施，因此女人也就不可能成权威，敬礼他，就像平民敬礼酋长一样"，"他们的母为酋长"，这是一个不可抹煞的事实。事实上，国内人类学家非洲阿撒母的卡息族以及贝扎人都是如此。

这里还需要重新审视易洛魁母系社会，因为自从 1871 年摩尔根《古代社会》发表以来，易洛魁社会作为母权制社会的"典型"已被广泛引用。恩格斯在《起源》中就描述过"奥华契拉"（按：此指母系大家族）中丈夫可怜的甚至是悲惨的境遇，"家对于他变成了地狱，除了回到自己的克兰去或在别的克兰内重新结婚以外，再没有别的出路"。在这里，每个奥华契拉都是完全独立自主的。由奥华契拉中那些有丈夫的妇女们挑选一位首领，作为氏族议事会和部落议事会中代表这一基本单位的最高首长。"但是，"妇女政治决策人的地位并没有在男女之间建立平等关系，妇女本人不能参加议事会，在职的男性对主妇的任命有否决权"。这正如马林诺夫斯基所说的，一方面，女人决定权力的分配，在神话中，在禁忌的施行中，在鞠躬的礼仪中，女性享有与男性完全相等的特权；另一方面，她从未行使过与此相关的实际权力，无论任何一个亚氏族，都没有女人做过头领，在易洛魁氏族里，尽管丈夫处在卑微的地位，权力却由兄弟实施，因此女人也就不可能成为酋长。这是一个不可抹杀的事实。因此，易洛魁母权神话是不能成立的。事实上，国内人类学家林惠祥先生早在 20 世纪 30 年代初就曾指出："真的母权即女性世系非不普遍，但这应该和母权分别。"

当然，我们并不否认在有些母系社会里女性能获得较高的社会地位，美国历史学家梅里·E·威斯纳——汉克斯对北美切诺基人、非洲伊格博人的研究就充分说明了这一点，但即使这样，她也没能证明"母权"的存在。因为这些情况只能说明，女性在某些特定时期、在某些特定行业里，或者由于婚后居住方式决定的情书关系不同、年龄等因素，她们才具有相当的权力。这就表明，并非女性世系一个因素决定了妇女的社会地位。更何况，在这些社会中，妇女知识处于相对重要的位置而已。因此，母系制与母权社会之间存在着很大的差别，母系制社会中并不必然地存在"母权"。

四、父系氏族社会与父权制的兴起

随着生产力的发展，家畜的驯养和畜群的繁殖，开发出前所未有的财富的来源，并创造了全新的社会关系。越来越多的财富转为家庭私有，这就给母系氏族为基础的母权制社会一个强有力的打击。财产的增加，一方面使丈夫在家中的地位有了根本的变化，他开始变得比妻子更为重要；另一方面，也增强了废除原有的继承制度以使之更有利于自己的子女。"规定以后氏族男性成员的子女应该留在本氏族内，而女性成员的子女应该离开本氏族，转到他们父亲的氏族中去就行了。这样就废除了按女系计算世系的办法和母系的继承权，确立了按男系计算世系的办法和父系的继承权"，父系氏族社会和父权制走进了人类历史的图景。

父系氏族社会处于野蛮时代的高级阶段，开始制作和使用金属工具，大规模犁耕农业成为了可能，手工业也发展起来。这个历史阶段上生产的进步，要比过去一切阶段的进步的总和都来得丰富。

父权制阶段的社会政治组织已经超过了母权制阶段纯粹以氏族血缘为纽带的氏族组织，随着经济的发展和氏族的分裂、兼并、扩大而出现了不同的部落。各部落又相互兼并，扩大而形成了部落联盟。

随着母权制的覆灭，家庭形式开始向专偶制过渡，建立了家长制家庭公社，"它包括一个父亲所生的数代子孙和他们的妻子，他们住在一起，共同耕种自己的田地，衣食都出自共同的储存，共同占有剩余产品。公社处于一个家长的最高管理之下，家长对外代表公社，有权出让小物品，掌管财务，并对财务和对整个家务的正常经营负责。他是选举产生的，完全不一定是最年长者。妇女和她们的工作受主妇领导，主妇通常是家长的妻子。"这种家长制家庭公社是在野蛮时代的中级阶段和高级阶段交替的时期从对偶制家庭中产生的；它的最后胜利乃是文明时代开始的标志之一。它是建立在丈夫的统治之上的，其明显的目的就是生育有确凿无疑的生父的子女；而确定这种生父之所以必要，是因为子女将来要以亲生的继承人的资格继承他们父亲的财产。在这些父系氏族公社之下在不同的氏族和部落中往往又分裂为若干兄弟氏族和若干父系大家庭及个体家庭，父系氏族公社构成了父权制阶段的社会基本组织。

在父权制时期，"婚姻关系要牢固得多，这种关系现在已不能由双方任意解除了。这时通例只有丈夫可以解除婚姻关系，赶走他的妻子。对婚姻不忠的权利，这时至少仍然有习俗保证丈夫享有（拿破仑法典明确规定丈夫享有这种权利，只要他不把姘妇带到家里来）；而且随着社会的进一步发展，这种权利也行使得越来越广泛；如果妻子回想起昔日的性的实践而想加以恢复时，她就要受到比过去任何时候都更严厉的惩罚。"女性的地位降到了前所未有的最低点。这个时期的专偶制家庭形式也只是对妇女而不是对男子的专偶制。这个时期的家庭形式，我们可以从希腊人那里看到。希腊人的氏族成为了父系氏族社会的典型代表。和母系氏族社会不同，家庭的组建不再以自然为基础，而是经济条件为基础。建立了以私有制对原始的自然产生的公有制的胜利为基础的第一个家庭形式。丈夫在家庭中居于统治地位，以及生育只可能是他自己的并且应当能继承他的财产的子女，——这就是希腊人坦率宣布的个体婚制的唯一目的。女性开始被男性奴役。

希腊人氏族维系的根本条件除限制婚配范围以外，还有着深刻的社会经济原因。这个社会经济原因推动了家庭形式的变化，相应的也改变了氏族的性质。为了使财富归自己的子女所有，人类经历了一个最深刻的变革。"氏族的全体成员都仍然能够和以前一样。只要有一个简单的决定，规定以后氏族男性成员的子女应该留在本氏族内，而女性成员的子女应该离开本氏族，转到他们父亲的氏族中去就行了。这样就废除了按女系计算世系的办法和母系的继承权，确立了按男系计算世系的办法和父系的继承权。"在有些地区已经形成一种习俗，"即用属于父亲氏族的一个氏族人名来给子女取名字，用这种方法把他们列入父亲的氏族，以便他们能继承自己的父亲。"

群婚的痕迹正开始显著地消失，母权制已让位给父权制。但是，由于在实行父权制以后，富有的女继承人的财产在她出嫁时应当归她的丈夫所有，从而归别的氏族所有，所以，这便摧毁了整个氏族权利的基础，在这种情况下，为了把少女的财产保存在氏族以内，不仅容许少女在氏族内出嫁，而且也规定要这样做。

由子女继承财产的父权制，促进了财产积累于家庭中，并且使家庭变成一种与氏族对立的力量；财产的差别，通过世袭贵族和王权的最初萌芽的形成，对社会制度发生反作用；奴隶制起初虽然仅限于俘虏，但已经开辟了奴役同部落人甚至同氏族人的前景；古代部落对部落的战争，已经逐渐蜕变为在陆上和海上为攫夺牲畜、奴隶和财宝而不断进行的抢劫，变为一种正常的营生，一句话，财富被当作最高的价值而受到赞美和崇敬，古代氏族制度被滥用来替暴力掠夺财富的行为辩护。以希腊人氏族为代表的父系氏族第一次把以财产为中心的经济因素提上重要位置，加速了个体家庭的独立化过程，促使了私有制和国家的产生，把人类引人文明时代。

第四节　私　有　制

一、私有制的起源

人类的历史，据近年来的考证，大约有 300 万年。在这段岁月里，人类绝大部分时间过着原始群的生活。从原始群过渡到氏族社会，距今只不过数万年。原始群是人类刚刚脱离动物界而形成的群体，群内所有男子与所有女子互为夫妻，同辈之间、长辈与晚辈之间在两性关系上都没有限制。尔后逐渐对父母与子女之间的性关系作了限制。在原始群时代，不分家庭，人们以群为单位共同劳动，共享劳动所得，生产资料为整个群体所有，没有私有财产，也没有私有观念。

人类由原始群过渡到氏族社会后，实行族外婚，男子入赘女方氏族，一群男子与一群女子共为夫妻，子女只知其母，不知其父，血缘以母系计。在母系氏族的初期，生产和消费以氏族为单位，仍然不分家庭，生产资料为氏族所有，装饰品和少许生产工具和武器由个人使用和保管。这部分物品还不成其为私有财产，可名之为个人财物。因为在当时的历史条件下，个人的力量非常渺小，任何人离开氏族便无法生存，个人完全融合于氏族之中了。既然连人自身都成为氏族不可分割的一部分，哪里还谈得上游离于氏族集体之外的私有财产呢！个人财物（生产工具和武器）的价值，只在于用来共同从事生产劳动，为整个氏族获取生活资料，除此之外，不谋求任何个人的利益。

存在决定意识。当时虽然已有"你的"与"我的"之分，但由于还不存在私有财产，不存在公与私的矛盾，自然就不会有私有观念，就不会产生占据私有财产的欲望。今天，人们往往从原始墓葬的随葬品中，了解私有财产出现和积累的情况。不过，不能一见随葬品就认为是私有财产。据贾兰坡研究，距今约1.8万年的山顶洞人已有装饰品随葬，总不能据此认为山顶洞人时代已出现了私有财产。原始人相信灵魂不灭，认为人死之后灵魂便进入另一个世界，过着与现世一样的生活，随葬装饰品以及生产工具和武器，最初仅仅意在供灵魂到另一个世界去使用，并非出于私有观念。当然，私有财产出现之后，随葬品的用意，除了迷信的成分以外，又打上私有观念的烙印。

到了母权制氏族繁荣时期，由于生产工具和生产技术的改进，劳动生产不再需要以整个氏族的人一道进行了，于是母系大家庭逐渐成为基本的生产单位。一个氏族包括若干个母系大家庭，每个大家庭由一个祖母及其女儿孙女以及他们的丈夫和子女组成。同时，由于婚姻形态已由群婚过渡到对偶婚，即一个女子在一群男子中有一个主夫，一个男子在一群女子中有一个主妻，夫妻关系已相对稳定，因此母系大家庭内又有若干小家庭。不过，这时的小家庭在严酷的大自然面前还显得过于软弱，难以自立。一个大家庭往往住在一幢房子里，里面又设若干居室供小家庭居住。劳动生产以大家庭为单位进行，消费在大家庭内实行平均分配。生产单位由氏族转变为大家庭，是生产力发展的需要和结果。大家庭较氏族便于组织生产，还可实行适当分工，从而促进了生产力的进一步发展。

生产和消费改为以母系大家庭为单位后，除土地外，其他生产资料如生产工具、武器等已转归大家庭所有。由于生产条件、劳动人手和生产技能不尽相同，各个大家庭所占有的生产资料和生活资料逐渐显示出数量和质量的差别，生活水准也不一样了。于是，氏族公有制被母系大家庭所有制动摇了，这种大家庭所有制就成为从氏族公有制到私有制的中间过渡环节。反映在观念形态上，人们不再把氏族的"公"看作是天经地义的，而是较多地关心各自所在的大家庭的利益。

母系氏族后期，由于青铜工具的出现，以及第一次社会大分工即社会生产分成农业与畜牧业两大部门，促使生产单位进一步缩小，原来由母系大家庭所从事的生产劳动，如今在许多场合可以由个体家庭进行了。于是，某些生产资料开始由母系大家庭所有逐渐转归个体家庭所有。个体家庭初露端倪后，私有财产便应运而生了。

由于男子在农业和畜牧业中的作用日益重要，妇女被排挤到次要地位；同时由于消费也逐渐改为以个体家庭为单位，妇女的家务劳动失去了社会公共劳动的性质，成为纯粹的私人家务劳动。这样，男子就取得了在家庭中的支配地位，家庭财产归男子所有，但是，财产仍由母系继承。根据财产必须保留在本氏族内的原则，男子死后，他的财产归他原来的氏族的亲属即他的兄弟姐妹和姐妹的子女继承、或他母亲的姐妹的子女继承，而他自己的亲生子女因在母方的氏族内，反而不能继承生父的财产。因此，虽然出现了私有财产，但不能世代继承，这使得财产的私有性得不到保障。为此，男子要求废除母权制，结果父权制取代了母系大家庭，血缘以父系计，女子出嫁到男方的氏族。父权制出现以后，氏族制度便逐渐衰落下去了。随着生产力的进一步发展和一夫一妻制的确立，个体家庭最终成为基本的生产和消费单位，这时私有制也就初步形成了。列宁说："无论私有制或遗产，都是单独的小家庭（一夫一妻制家庭）已经形成和交换已在开始发展的那个社会制度的范畴。"这时，原先一个大家庭居住在一起的公共住宅取消了，个体家庭自立门户了。

动产之所以最先成为私有财产，主要原因在于动产是通过劳动创造出来的，是人们辛勤劳动的果实，因此动产的私有观念比较容易为原始人理解和接受。另外，动产容易携带和贮藏，并可作为商品交换的媒介，也是动产最先成为私有财产的原因。

不过，动产、尤其是家畜最先成为私有财产，并不等于在畜牧部落中最先出现了私产。因为，饲养家畜不限于畜牧部落，在农业部落中也有。

不动产土地是大自然的恩赐，与动产不同，对于原始人来说把土地当作私有财产是难以想象的。在逐水草而居的游牧经济条件下，土地更不容易变为私有。例如，恺撒世代的日耳曼人还过着半游牧生活，它们在一处地方居住不了一年以上，因此不可能出现私有财产。在农业部落中，土地原始部落所有，由氏族共同使用。后由氏族分配给大家庭使用，在此分配给个体家庭使用，不过所有权还长期属于部落。土地采用抽签的方式每年重新分配一次，每户一份，称为份地。后来，"随着耕作方式的改善和产品出售的出现，农人们开始察觉到为了从劳动和施于份地的肥料中取得全部利益，一年的时间是不够的了。它们要求把土地的分配期延长到二年、三年、七年和二十年。"重新分配土地的期限延长之后，有利于保护和改善地力。促进农业生产的发展。又经过产期演变，各户对土地使用权变成对土地的占有权，最后演变为所有权。至此，土地自然地变成了私有财产。除土地外，森林、牧场、河流、沼泽在相当长的一段历史时期内仍然属于公有。

通过上述分析，原始公有制是以社会生产力极度低下，人们只能按原始群或氏族为单位共同劳动、平均分配为其存在前提的。后随着生产工具的改进，社会分工的出现和扩大，基本的生产单位逐渐由氏族转变为大家庭，又由大家庭转变为个体家庭：与此同时，原始公有制也就逐渐转变为大家庭所有制；又由大家庭所有制转变为个体家庭所有制即私有制。因此，私有制是随着社会生产力的发展和本体家庭成为基本生产单位而形成的；并且，就某一部落，部族或局部地区而言，私有制的形成是一种普遍的而不是零星的社会现象，更不是由少数人所为。

对于私有制的形成，历来有不同见解。目前在我国史学界，对私有制起源的某些看法，也不无值得商榷之处。例如，有一种具有一定代表性的观点说："一些氏族部落首领和少数家长，为了占有更多的产品供自己使用，利用担任公职的方便条件，在对内分配产品、对外进行交换的过程中，把一些集体的财产窃据为己有。私人占有财产的现象便出现了。"这里有两个问题需要提出讨论：第一，那些把集体财产窃据为己有的氏族部落首领和家长，头脑里必定已经有了私有观念，不然他们怎么会想到把集体财产窃据为己有呢？现在的问题是，他们的私有观念是从哪里来的？作者没有作出解释。第二，把私有财产的出现归之于一些氏族部落首领和家长把集体财产窃据为己有，这实际上是用暴力来解释私有财产出现的原因。对于这一点，恩格斯庄《反杜林论》中就作过分析，他指出："在私有财产形成的任何地方，这都是由于改变了生产关系和交换关系，是为了提高生产和促进交流——因而是由于经济的原因产生的。在这里，暴力根本没有起任何作用。很明显，在惊夺者能够占有他人的财物以前，私有财产的制度必须是已经存在了；因此，暴力虽然可以改变占有状况，但是不能创造私有财产本身。"当一些氏族部落首领和家长把集体财产窃据为己有时，个体家庭已经出现，私有财产和私有观念亦已产生，他们的所作所为只是改变了财产的占有状况，增加了他们自己的私有财产的积累而已。

二、私有制的主要表现

1. 生活资料的私有。自有人类便有生活资料的生产，并属于制造者和使用者所有。《起源》指出："男女分别是自己制造的和使用的工具的所有者：男子是武器、渔猎用具的所有者，妇女是家内用具的所有者。这是讲新石器时代对偶家庭阶段的状况，当时丈夫的责任是获取食物，并制造为此目的所需的劳动工具，他是这些劳动工具的所有者。离婚时，他要随身带走这些工具和自己的衣物，游牧部落还要带走他饲养的牲畜。妻子只能保留属于她自己的家庭用具。这就是人类最早的私有财产。因原始公社的生产力低下，必须依靠群体合作劳动方有所获，食物之获取，园圃之开垦和种植，住所和小船制造，均是集体劳动产品，只有它属于共同财产。人类远古时代即存在财产所有的公私两制。随着生产力的发展进步，公制逐渐减少，到新石器晚期，原为公制的多转变成私人所有。

2. 动物驯养业的产生。此时，生活在水草丰茂地区的猎人，开始驯养捕获的野兽，很快繁殖成群，给人提供丰富的生活资料。动物驯养业使当时的社会出现 4 个方面的新景象：其一，由大家族集体狩猎变为对偶家庭（以后是个体家庭）饲养和看管牲畜，牲畜逐渐变为家庭的私产。其二，原先从事采集的妇孺也渐次放弃采集，转为饲养牲畜和家务劳动。其三，由于牲畜迅速繁殖，需要更多人看管，人们遂以俘虏为奴，补充驯养业发展所需的劳动力。所以《起源》指出："第一次社会大分工，在使劳动生产率提高，从而使财富增加并且使生产领域扩大的同时，在既定的总的历史条件下，必然地带来了奴隶制。其四，可以生产食用后有余的肉、皮、毛等生活资料，促进游牧部落与非游牧部落的交换。这 4 方面显示，一旦动物饲养业发生，便开始财富私有的历史。

3. 耕地私有。与动物饲养业产生的同时，亚洲亚热带地区的一些部落，开始在住所附近种些可食植物，进而种植谷类，供人畜食用，猪狗家禽渐次被饲养起来。以前人们用主要精力采集，现在则用于园圃种植。种植业兴起，向农业部落发展。种植所获属种植人所得，园圃也属自家所有，唯大面积可耕地仍是公有。《起源》指出："耕地仍然是部落的财产，最初是交给氏族使用，后来由氏族交给家庭公社使用，最后交给个人使用；他们对耕地或许有一定的占有权，但是没有更多的权利。此处讲的占有权即是使用权，当时个人还没有耕地所有权，只有取消耕地定期重新分配以后，耕地才由氏族公有变成各个家庭的私有财产。农业部落种植私有较游牧部落牲畜私有晚些，而耕地私有则更晚，有些民族直到阶级社会产生以后，还未完成耕地私有的转化。

4. 交换。第一次社会大分工开始了游牧部落的牲畜、畜产品与非游牧部落产品之间的物品交换，它促进人们占有私有财产的发展。到野蛮时代高级阶段，人们已知冶炼金属，有力促进着生产力的进步，农产品日益丰富，使手工业生产获得必需的原料。在此条件下，农牧民普遍从事家庭手工业以供自需。手工业生产日益多样化。在像雅典那样的城市，便有越来越多的人专门从事手工业生产，于是发生了第二次大分工：手工业和农业分离了。开始出现商品生产。当历史发展到即将进入文明时代时，又产生了一个不再从事生产而只从事产品交换的阶级——商人。这便是社会第三次大分工。金属货币铸造出来了，土地可以买卖和抵押，财富迅速集中到一个人数很少的阶级手中，贫民和奴隶的人数迅速增加，奴隶的强制性劳动构成了整个社会的上层建筑所赖以建立的基础。当人也变成私有财产的时候，便开始了阶级对立的历史。随着生产力的发展，被视为财产的东西渐次增多，每当一种东西被人们认定为财产时，它便属于私有物，由使用权递升为所有权，向私人所有制全面发展。而在财产私有制形成中，继承制又起着至关重要的作用，最初由氏族继承，而后由大家族（宗族）继承，最后才由家庭的子女继承。较妇女拥有更多财产的男子，总不愿意死后让其财产归入他人所有，遂用强行手段切断妇女群婚行为，废除按女系计算世系和母系继承权，要她严守贞操，给自己生下属于自己血统的子女，确立男系计算世系，实行父系继承法，让亲生子女继承自己一生挣来的财产。《起源》认为，实行父系继承法是人类所经历过的最深刻的革命之一。依靠它，私有制得到全面巩固和悠悠世代的延续。

三、私有制的历史地位

随着私有制的形成和小生产的分化，社会上出现了贫富差别和剥削，出现了阶级对立。氏族部落贵族和军事贵族为了满足自己的贪欲，组织效忠个人的亲兵，频频发动战争，向外掠夺财富和双隶。于是战争成为一种经常的职业了。摩尔根说："由于武器的改良和战争动机的增加，在野蛮社会中，战争对于生命的毁灭超过了蒙昧社会。"战争给人民的生命财产带来重大的损失，也使社会经济遭到严重破坏。战争是私有财产和阶级出现以后的产物。在此以前，部落之间的冲突，从严格意义上说还不能看作是战争。

从奴隶制度形成之初起，剥削阶级还经常颁布法令，制定法典来保护私有财产权。例如约公元前451年罗马的十二铜表法规定，成年人于夜间践踏他人的农田或偷割他人的庄稼者要处以死刑。上述规定既表明刑罚的残酷，又从侧面反映了当时共产制经济的遗风尚存，人们关于私有财产不可侵犯的观念还比较淡薄。

继奴隶制度之后，封建制度、资本主义制度都是建立在私有制基础之上的。阶级社会中出现的一切祸害和罪恶，劳动人民蒙受的一切苦难，都同私有制密切相关。这些都自不待言，不再赘述。现在需要探讨的是，如何评述私有制的历史地位。对于这个问题，各人的见解不尽一致。有的作者认为，"在向阶级社会过渡的时候，私有制曾起过积极的作用。然而，当它一旦成为剥削阶级法律的宠儿，就走向反面而成为一切罪恶的渊薮了。"这一论断未免失之偏颇。事实上，私有制所起的积极作用，决不限于向阶级社会过渡的时候。下面就私有制的历史地位问题作一较为全面的考察。

第一，私有制取代原始公有制适合当时生产力的发展要求，导致氏族制度的解体。建立在原始公有制基础上的氏族制度，曾经引导人类度过了自己的童年时期，因此有其存在的必然性和必要性。但是，氏族制度并不是一种理想的制度。那时尽管没有剥削和压迫，人类却在很大程度上受到大自然的支配。由于基本生活资料不足，在许多原始部落中存在杀死婴孩和老人的习俗。这在今天看来是太残酷了，但在当时是不得已而为之的。普列汉诺夫说得好："野蛮人的生活条件在某种程度正是这样的，即杀死非生产的成员对社会来说是一种合乎道德的责任。既然他们处在这样的条件下，所以他们不得不杀死多余的孩子和精疲力尽的老人，这也就说明了下面这个自相矛盾的现象：杀死孩子和老人的事情有时候是发生在一些抱有强烈的父母感情和对于老人十分尊敬的部落里。问题不在于野蛮人的心理，而在于他们的经济。"出于同样的经济原因，在氏族社会里还相当普遍地存在食人之风，摩尔根在北美洲和中南美洲的印第安人中均有所发现。

后来，由于人类改造自然的能力不断增强，大家庭以及随后个体家庭取代氏族成为基本的生产单位，于是氏族制度便完成了它的使命，成为一种过时的社会制度。作为氏族制度存在基础的原始公有制，同时失去其存在的意义，成为生产力发展的障碍，最终为私有制所取代。

私有制的形成，使生产者和生产资料直接相结合，并在分配上取消了平均主义，这有利于调动生产者的积极性，进一步发展社会生产力。同时，私有制形成后，个人得以自由支配自己的产品，个人之间的交换遂成为唯一的交换形式。随着交换的扩大，便出现了作为一般等价物的货币，以及专门从事商品交换的阶级——商人。供作交换的商品，除了日益增多的农、牧、手工业产品外，土地和人本身即奴隶也成了商品。闭塞的氏族制度同商品货币经济是不相容的。最后，它不可避免地解体了。于是，人类告别了蒙昧和野蛮，迎来了文明的曙光。马克思援引摩尔根的话说："私有财产曾经是把雅利安族和闪族引出野蛮状态并把他们带到文明领域的力量。"这一结论同样适于其他民族。

第二，私有制是新兴奴隶主反对氏族制度残余的有力武器，促使奴隶制经济和文化得到长足发展。在奴隶社会初期，氏族制度虽然已解体，但其残余还相当浓厚。原先的氏族部落酋长和军事首领形成为氏族贵族，他们不仅占有较多的土地和其他生产资料，从经济上剥削平民和奴隶，而且他们还竭力维护氏族制度的某些职能和旧的传统势力，利用管理氏族公共事务的权力谋取私利。例如，在雅典，直至梭伦改革之前，死者的财产还必须留在本氏族内，为此甚至破除了禁止氏族内部通婚这一根本规则，强迫因无兄弟而独自继承父亲遗产的女子，即所谓承宗女只能在本氏族内婚配，以免她与别的氏族的人通婚而把财产转移到丈夫的氏族去，在罗马，十二铜表法规定遗产的继承顺序为：首先是死者的子女，其次是死者的同宗亲属，再次是本氏族成员、本氏族以外的人，包括死者的姊妹及女性后裔所生子女均无权继承。上述规定限制了财产的私有性，束缚了奴隶制经济的发展。因此，氏族贵族所代表的是一种落后的生产关系。

处于氏族贵族对立面的是平民。作为小私有者，平民不断两极分化，其中大部分人即农民和手工业者由于债务等原因日益贫穷、破产，成为氏族贵族的奴役对象，甚至沦为债务奴隶；小部分人靠从事工商业，掠夺海外奴隶，发家致富，成为工商业奴隶主。这部分上层平民拥有经济实力，也就是说手中掌有大量私有财产，但在政治上和经济上都受到氏族贵族的压抑和限制，例如上文所说的，他们的财产必须留在氏族以内，不可自由处置。因此，工商业奴隶主从其自身利益出发，要求清除氏族制度的残余，取消氏族贵族的特权，进一步发展工商业。由此可见，工商业奴隶主是新的生产力的代表者，他们同氏族贵族的斗争，是革新与守旧的较量。

工商业奴隶主在与氏族贵族的斗争中，自感力量不足，于是同下层平民实行联合。为此，他们在自己的政策中也适当考虑后者的利益。

梭伦时代是雅典工商业奴隶主同氏族贵族斗争的决定性阶段。梭伦改革，首先规定仅仅按私有财产多寡把雅典人分为 4 个等级，前 3 个等级可担任不同级别的官职，这就废除了氏族贵族的特权，打破了他们对政权的垄断局面。其次梭伦规定，一个人如无后嗣，可以通过立遗嘱的方式，随意指定遗产继承人，于是私有财产更进一步有了保障。这是对氏族制度残余的又一次打击。再次，梭伦颁布"解负令"，取消债务，废除债务奴隶制，这既削弱了氏族贵族的部分经济势力，又满足了下层平民的部分要求，乃一举两得。上述改革内容归结为一点，即如恩格斯所说："这样，在制度中便加入了一个全新的因素——私有财产。国家公民的权利和义务，是按照他们的地产的多寡来规定的，于是，随着有产阶级日益获得势力，旧的血缘亲属团体也就日益遭到排斥：氏族制度遭到了新的失败。"梭伦改革的历史意义和梭伦本人的历史功绩就在于此。

至于有的人谈到梭伦改革的不彻底性时，指责他"没有也不愿满足下层平民重分土地的要求"，这就不免苛求于古人了。因为，梭伦毕竟是工商业奴隶主亦即剥削阶级的政治代表，他所反对的只是氏族贵族的特权，并不反对被剥夺了这种特权的氏族贵族继续占有土地，剥削下层平民（只是剥削方式有所限制，例如不能再将平民夷为债务奴隶）。梭伦自己也说："即使是那些有势有财之人，也一样，我不使他们遭受不当的损失"。同时，梭伦所代表的工商业奴隶主和下层平民在反对氏族贵族的斗争中，尽管有利益的一致性，但他们之间毕竟是剥削者和被剥削者的关系。因此，我们不能要求梭伦改变其工商业奴隶主的立场，剥夺氏族贵族的全部土地，来满足下层平民重分土地的要求。

继梭伦之后，克利斯提尼又于公元前509年实行改革，以10个地域部落代替原先的4个血缘部落，这样就清除了雅典氏族制度的残余。

卢梭以及克利斯提尼的改革，为雅典民主政治的确立，为雅典奴隶制经济和文化逐步走向繁荣扫清了道路。

罗马历史上平民与贵族的斗争，同雅典有些类似。公元前6世纪中叶，塞维·图里乌实行改革，按财产多寡将罗马公民分为5个等级，并将罗马的3个血缘部落改为4个地域部落，从而打击了氏族贵族的特权和旧的传统势力，但氏族贵族仍为一闭塞的集团，不与平民通婚，十二铜表法中对此且有明文规定匆。后经过斗争，平民于公元前445年获得与氏族贵族通婚的权利。依据李锡尼法案，平民又获得担任高级官职执政官的权利。当然，实际获得上述两项权利的只是平民上层即新兴奴隶主。不过，下层平民的利益也适当得到满足，例如，公元前326年通过一项法律，禁止因债务关系而将罗马公民夷为奴隶，于是债务奴隶制被废除了，罗马奴隶主转为大批奴役外族奴隶。此后，罗马历史上仍有平民与贵族的斗争，但其时代背景和阶级内容与前大不相同了。随着氏族制度残余的消灭殆尽，罗马约于公元前265年统一了意大利，然后又向海外征掠疆土；与此同时，罗马的奴隶制经济和文化获得长足发展。

雅典和罗马的史实说明，私有制是新兴奴隶主反对氏族制度残余，发展奴隶制经济的有力武器。因此，奴隶主私有制在奴隶制度形成前后的一段历史时期内适应生产力的发展，起过积极作用。

诚然，上述3种私有制毕竟是剥削阶级私有制，即使在它们基本适合生产力发展的时期，也同样给劳动人民带来种种苦难和不幸。这是事实。但是，这一点不能成为我们评论阶级社会中各种历史现象的主要尺度，我们的主要尺度应当是依每一种历史现象是促进，还是阻碍生产力的发展。恩格斯针对奴隶制所说的一段话，充满了历史辩证法，他说："用一般性的词句痛骂奴隶制和其他类似的现象，对这些可耻的现象发泄高尚的义愤，这是最容易不过的做法。可惜，这样做仅仅说出了一件人所周知的事情，这就是：这种古代的制度已经不再适合我们目前的情况和由这种情况所决定的我们的感情。但是，这种制度是怎样产生的，它为什么存在，它在历史上起了什么作用，关于这些问题，我们并没有因此得到任何的说明。如果我们对这些问题深入地研究一下，那我们就一定会说——尽管听起来是多么矛盾和离奇，——在当时的条件下，采用奴隶制是一个巨大的进步，甚至对奴隶来说，这也是一种进步，因为成为大批奴隶来源的战俘以前都被杀掉，而在更早的时候甚至被吃掉，现在至少能保全生命了。"全部阶级社会的历史就是在经常的矛盾中不断由低级向高级发展的。

第三，自人类进入文明社会以后，除了奴隶主私有制、封建主私有制和资本主义私有制以外，在各个历史时期还程度不同地存在着小私有制，主要是小农和手工业者的私有制。这种小私有制是劳动者通过自己的劳动或者主要通过自己的劳动而积累起来的，它同前3种剥削阶级私有制有本质区别，在历史上更是起过积极作用。

第五节　阶级社会

经常性剩余产品的出现，为原始社会公仆向阶级社会主人的嬗变提供了现实可能。在原始社会初期和中期，生产力极不发达，人们通过集体协作，艰苦劳动取得的生活资料，仅能维持最低水平的生活，几乎没有剩余，或者偶尔有少量剩余。在这种情况下，如果一部分人占有太多，另一部分人就会被饿死，这种生产方式也就决定了当时不可能产生有闲阶级和特权人物。随着生产力的发展，人类步入新石器时代的末期，人们在实践中不断总结经验，革新技术，使用新的工具，特别是金属工具的使用，使人们征服自然的能力大大增强，获得的生活资料越来越多，出现了经常性的剩余产品，这给社会生活带来了质的变化，经济稳定性增长了，生活水平提高了，人口也急剧增加了，社会结构开始复杂化了，人们的心理也发生某种变化。虽然这一切不会使原始公社关系自动解体，但却为原始社会末期公仆占有剩余产品提供了可能。民族学和考古学资料都一致说明，这种从原始社会公仆到阶级社会主人的嬗变的征兆已指日可待。

交换的出现和扩展为原始社会末期社会公仆向阶级社会主人的嬗变提供了便利。交换在旧石器时代就已经产生，当时社会生产不发达和用来交换的东西不多，交换只是偶然发生的行为。随着生产力的发展，经常性剩余产品的出现，这就为氏族公社专门化产品的交换打下了牢固的基础。氏族社会有了一定数量的剩余产品就能让一些氏族成员分出更多的时间从事某种专门的手工业，于是在公社中出现了专门的制陶、制铁器工具、制箭头的工匠，这种专门化人才越多，用于交换的剩余产品就越多，这不仅扩大了交换的范围，而且使交换成为必不可少。因为在氏族公社内部的专门化还不发达的条件下，大部分产品只有通过交换才能销售出去从而换取公社成员需要的食品，交换的扩大又刺激了剩余产品的生产，马克思写道：

交换的不断重复使交换成为有规则的社会过程，因此，随着时间的推移，至少有一部分劳动产品必定是有意为了交换而生产的。

随着交换的不断扩展，商品生产第一次成为可能，起初是以极其原始的、不发达的和萌芽状态的形式出现的，剩余食品以及为生产这些食品而制作的工具、各种装饰品成了最早的商品。商品的出现，促使作为早期的价值标准和交换手段——原始货币也就应运而生了，在一些地方出现了已经积累起来而不供交换的财富的特殊单位：铜板、贝壳等。这就为原始社会末期公仆占有剩余产品或商品提供了便利，因为作为一般意义的剩余产品往往难以贮藏，易于腐烂，而作为特殊形式的剩余产品的原始货币易于收藏和保管。原始货币的出现，进一步刺激了商品生产，而商品生产的扩大，又促进了原始公社之间生产的专门化，同时，也为公社内部的专门化生产开辟的道路。这种专门化生产，提高了劳动效率，带来了越来越多的剩余产品，使原始公社之间以及公社内部之间交换日益扩大，这种交换最初是在公社酋长或部落首领之间进行，他们利用自己负责交换的有利地位，占有公社社员的剩余产品，促进了财富的积累，促进了财产不平均现象的产生和巩固，这也就说明了正在解体的原始社会中的氏族和部落往往要垄断交换业务的原因。

领导者和执行者的分工使原始社会公仆向阶级社会主人的嬗变成为现实。在原始氏族社会中，为了组织生产，管理生活，处理各种公共事物，维护氏族、部落的公共利益，设立了各种管理机构和管理人员，如氏族议事会、部落议事会、酋长、首领、祭司、司库等，他们是为氏族公共事务服务的公仆，具有一定的职责。为了能够有效地执行自己的职责，氏族、部落往往赋予他们一定的职位和权利，这种权力和职位为以后他们从社会公仆嬗变为社会主人提供了便利。例如，在原始社会末期，一些氏族酋长、部落首领，他们在对集体利益保持表面上的关心，并且实际上部分地也是这样干的同时，还暗暗或甚至公开地占有氏族成员的剩余劳动和剩余产品，巩固个人的经济和社会地位。在加泽尔岛上，首领是公共基金保管人，他便从中为自己捞取好处：支付娶妻子赎金，使青年人变为自己的债户，雇人清理自己的园林。在马纳姆岛上，首领们借口为节日作准备，便强迫社员在自己园地上干活。在巴松戈人和麦奥姆别人那里，首领们把规定帮助亲属的部分公社基金用作私人需要的开支。非洲许多民族的首领和酋长把公社的一些土地给其他公社来的人使用，因而收取礼物，得到实惠。这样利用分工得来的有利地位，掠夺氏族成员的财产，嬗变为社会主人，恩格斯在《起源》中早就明确地指出：阶级的形成的一切发端，都只是与生产相联系的；它们把从事生产的人分成了领导者和执行者。在《反杜林论》中，他还指出因领导者与执行者的分工而造成氏族公社内部两大对立集团的出现作为两条最常见的道路之一。

这条道路是这样走过来的。原始公社一出现在人类历史上，其内部就必然有着一定的共同利益。为了维护这些共同利益，公社必须让也只可能让少数成员来担负一定的责任，如解决争端，执行宗教职能等。这些责任必然由生产过程中起领导作用的成员来担当。随着生产力的发展，社会财富的增加，出现了比氏族更大的组织：胞族——部落——部落联盟，与此相适应也就必然建立相应的执行社会职能的管理机构，这种管理机构的本来宗旨是为广大氏族成员服务，处理各种日常事务。但由于机构一级比一级大，一级比一级离生产过程远，在对每个单个的公社的关系上已经处于特别的，在一定情况下甚至是对立的地位，它们很快就变为更加独立的了。这种机构的独立性的形成，除了历史的必然性以外，还在于管理职务的世袭，使得机构具有相对的稳定性。这些独立于社会的领导成员本来只是生产过程中的领导者，而在此时却慢慢地开始由社会公仆变为社会主人，他们原来担负的领导职能逐渐沦为统治职能。最后，各个统治人物集结成为一个统治阶级。

恩格斯在这里主要阐明了在阶级必然形成的经济前提和历史条件下，到底由哪些人来充当剥削阶级的实体问题，即剥削阶级怎样组成的问题。我们知道，阶级产生的经济条件与社会生产力水平密切相关，由于生产力的一定发展而又不太发展，劳动创造的社会产品除保证社会全体成员维持最起码的生产需要以外，还有少量剩余，出现经常性剩余产品。这就为少数人占有剩余产品提供了可能。那么到底由哪一部分社会成员来占有这些产品呢？主要是恩格斯所分析的原来在生产过程中起领导作用，后来把这种领导作用变成对社会大多数成员的统治作用的社会成员。这些社会成员又是怎样嬗变为剥削者的呢？凭借他们个人占有的生产资料吗？在阶级形成过程的后期，他们是这样的。因为在把握生产资料的基础上，他们可能迫使奴隶为其劳动，从而进行剥削，如同恩格斯阐明的阶级形成第二条道路那样。但是，在将公社以外的人员变成奴隶时，与其说这些奴隶是氏族全体成员的奴隶，不如说他们只是为那些在氏族公社中担负一定责任的领导成员服务的奴隶，因为这时氏族公社公有的生产资料已经为那些领导成员所控制。这些处于生产过程中的领导者代表整个公社占有和支配公社的财产和生产资料，当然也可以占有和支配公社所有的奴隶。在把握生产资料的基础上，氏族领导成员也可以奴役氏族公社内部的其他成员。问题在于，这些生产资料并非天生就在他们手中，他们最初夺取生产资料的活动，他们假借公社名义控制生产资料支配权的活动，又是以什么为凭借呢？答案只能是凭借他们的领导地位。生产中的领导者既可以利用领导地位逐渐夺取氏族公有生产资料（如土地和劳动工具所有权），也可以利用领导地位直接形成对执行者即氏族大部分成员的奴隶关系，占有一部分剩余产品，从氏族社会的公仆嬗变为阶级社会的主人，这就是氏族内部阶级形成的主要过程与基本特征。

以家长制公社财产最后绝大部分演变成为家长个人的私有财产为例。最初，公社内部的全体成员住在一起，共同耕种自己的田地，衣食都出自共同的储存，共同占有剩余产品，没有剥削，没有压迫，大家处于平等地位。虽然整个公社处于家长的最高管辖之下，但他们权利还只局限于对外代表公社，有权出让小物品，掌管账目，并对账目和整个家务的正常经营负责，公社的最高权力还集中在家庭公社，大家共同商量决定，家长不能凌驾于这种会议之上，更不能独断专横，谋取私利。但是，随着家长制权力进一步巩固和扩大，从这种管理中慢慢派生出了财产的支配权，这种支配者又逐渐僭夺了公社的财产所有权。家长渐渐取得资格代表整个家庭公社享受和支配所有的财产和产品。家庭公社的财产也就成了家长们的特殊财产。他们利用对产品和财产的支配权来处理日益增多的剩余产品，并且在处理过程中暗暗甚至公开将剩余产品据为己有，这就形成了对公社其他成员的奴隶关系。公社的财产被家长们侵吞得越来越多，最后，竟至大部分成为他们实际上的私有财产。此时，财产的支配权与所有权就结合在家长手中。公社内部的阶级分化已经十分明显，大多数家庭成员要求摆脱家长的剥削——对剩余产品的侵吞，要求对公社财产主要是土地等实行使用权的分配进而要求实行所有权的分配，实行土地的共同占有和共同耕作的家长制公社，现在就具有了和以前完全不同的意义。

恩格斯对家长制公社中财产所有权的变化的原因实际上已经提了出来。他说：这些新的财富归谁所有呢？最初无疑是归氏族所有，然而对畜群的私有制，一定很早就已发展起来了。很难说，亚伯拉罕族长被所谓摩西一经的作者看作畜群的占有者，究竟是由于他作为家长公社首领所拥有的权利，还是由于他作为实际上世袭氏族酋长而具有的地位，对亚伯拉罕族长占有公共财产的原因，恩格斯只是说不准他到底是利用作为家庭公社首领所拥有的权利，还是作为实际上世袭的氏族酋长而具有的地位，但离不了两者之一，或者是两者兼有。恩格斯还这样谈起近代爱尔兰的情况：农民向土地所有者租种耕地，土地所有者在农民的眼中还俨然是一种为了全体利益而管理土地的克兰的首领；农民以租金的方式向他纳贡，但认为在困难时也应得到他们的帮助。这种情形使他重新意识到那里的居民还是多么厉害地生活在氏族时代的观念中。这里，他暗示了这些土地所有者是氏族时代中为了全体而管理土地的克兰的首领转化而来，这些首领因分工当生产过程中的领导者，为了氏族的共同利益而管理土地，又将一部分因分工而管理的公共土地转化为出租土地，以此获得含有剥削内容的租金，形成一种新的剥削关系，从社会公仆嬗变为社会主人。

除了从公社内部侵吞氏族财产逐渐嬗变成为社会主人外，还有一些军事首领直接通过对外部落的掠夺而成为社会的统治者。在原始社会末期，由于生产力的进一步发展，私有财产的出现，氏族、部落、部落联盟之间，频繁地发生旨在掠夺土地、财富、牲畜和人口的掠夺性战争，正如恩格斯在《起源》中说进行掠夺在他们看来是比进行创造劳动更容易甚至更光荣的事情。为了取得战争的胜利，军事首领在原始社会中的地位和作用也就越来越重要。在开始的时候，军事首领只是凭借自己在战争中的勇敢和指挥才干而被氏族成员在民主的基础上选举产生，而且这种选举与其家庭出身无关，职务也不是世袭，对不称职的可以罢免。同时，军事首领的权利局限于军事、祭祀和一定的审判方面。正如恩格斯在论述德意志部落军事首领时指出："他们的权力很小，必须以自己的榜样来影响别人，军事首领没有行政方面的统治权，同时也不是世袭的。这是和后来社会阶级中的君主或国王本质不同的地方。但是到后来，军事首领的产生逐渐发生了变化，当这个职务出缺必须递补时，其兄弟或姐妹之子拥有优先权。在希腊父权制下，这个职务通常则传给儿子。随着战争剧烈程度的进一步加强和战争范围的进一步扩大，掠夺战争加强了最高军事首领的权力。"在这种情况下，军事首领的产生方式便由选举逐渐改为世袭。特别是在远离本土的战争进行过程中，军事首领由于本身具有种种便利条件，在征服该地区之后，通过掠夺被征服氏族的生产资料和生活资料，把抓到被征服氏族的成员变为奴隶。这样，军事首领就自然而然地成为新征服地区的统治者，从社会公仆嬗变为社会主人。

第六节 国 家

一、氏族社会及解体

在考察了婚姻家庭之后，恩格斯转而考察原始社会制度，主要是对氏族组织的考察，氏族是国家产生以前的社会制度的基本特征，"氏族，直到野蛮人进入文明时代为止，甚至再往后一点，是一切野蛮人所共有的制度（就现有资料而言）。"在恩格斯看来，摩尔根对氏族的发现，"至少与他根据亲属制度恢复原始家庭形式有着同等重要的意义"。《起源》用易洛魁人以及古希腊人，罗马人和德意志人的材料，阐明了由氏族部落发展成国家的全过程。关于氏族的论述，主要集中在《起源》的第三章和第四章。

首先是对易洛魁人的氏族考察。

当家庭形式演变到普那路亚阶段时，原始的人们形成两个典型集团。其中"由一列同胞姊妹和血统较远的姊妹（亦即同胞姊妹所派生的第一等级、第二等级或更远等级的姊妹）连同她们的子女以及她们母方的同胞兄弟和血统较远的兄弟（按照我们的前提，他们不是她们的丈夫）所组成……她们全体有一个共同的女始祖；由于世系出自同一个女始祖，后代的所有女性每一代都是姊妹……一切兄弟和姊妹间，甚至母方最远的旁系亲属间的性关系的禁规一经确立，上述的集团便转化为氏族了。"氏族源于一个共同的始祖母，也就是氏族的创立者，她的公认的后代都是这个氏族的成员。

那么，作为社会组织的氏族，它有什么样的行为准则呢？按照恩格斯的说法这种调整氏族内部和外部关系的规则是习俗。摩尔根从易洛魁人那里了解到的习俗有 10 项：

"氏族选举一个酋长（平时的首脑）和一个酋帅（军事领袖）。酋长必须从本氏族成员中选出，……军事领袖，也可以从氏族以外的人中选出并且有时可以暂缺。"易洛魁的母权制决定酋长的儿子属于别的氏族，所以酋长不是世袭的，多为酋长的兄弟或酋长姐妹的儿子接替。酋长需要由易洛魁联盟的联合议事会委任，并实行道义性质的权利，他手中是没有强制的手段的。酋帅仅在出征时才发号施令；氏族可以任意罢免酋长和酋帅；氏族任何成员都不得在氏族内部通婚。这是最根本的原则，是维持氏族的纽带。在不得通婚的基础上形成的血缘亲属关系才促使氏族得以形成；死者的财产为氏族内的其他人所有，因为财产必须留在氏族内部。"男子死时，由他的同胞兄弟、姊妹以及母亲的兄弟分享；妇女死时，由她的子女和同胞姊妹而不是由她的兄弟分享。根据同一理由，夫妇不能彼此继承，子女也不得继承父亲"；同氏族的人要互相援助，互相保护，当受到外族人伤害时，其他族人要为其报仇；氏族有固定的人名，只有该部落的人才能使用。使用了氏族固定的名字自行享有这个氏族的权利；氏族可以接纳外人入族，并赋予这个氏族和部落的一切权利；宗教仪式多少都是和氏族联系在一起的；氏族有共同的墓地，在墓地上每一个氏族都独成一派；氏族的议事会，是氏族一切成年男女享有平等表决权的民主集会，是氏族的最高权力机关。

氏族的习俗体现了两条基本原则：一是禁止了内部通婚，二是原始共产制和民主平等精神。禁止内部通婚是知足的根本原则，这是对血缘婚姻的否定，而氏族正是在这个基础上建立起来的。原始共产制规定氏族的财产严格归氏族所有，夫妻间不能彼此继承，子女也不能继承父亲，因为他们不属于同一个氏族。原始的共产制实际上是一种氏族范围内的所有制。摩尔根这样描述了氏族的职能"它的全体成员都是自由人，都有相互保卫自由的义务；在个人权利方面平等，不论酋长或酋帅都不能要求任何优越权；他们是由血亲纽带结合起来的同胞。自由、平等、博爱，虽然从来没有明确表达出来，却是氏族的根本原则，而氏族又是整个社会制度的单位，是有组织的印第安人社会的基础。这就可以说明，为什么印第安人具有那种受到普遍承认的强烈的独立感和自尊心。"

每三四个或者更多的氏族联合在一起形成一个特殊的集团，这种集团被摩尔根称为胞族。胞族是氏族人口增多分化出来的，也可能是当初由部落分裂而成的，它也是氏族社会的组织之一。"在氏族内部禁止通婚的情况下，每个部落必须至少包括两个氏族才能独立存在。随着部落的增殖，每个氏族又分裂成两个或两个以上的氏族，这些氏族如今也作为单个的氏族而存在；而包括一切女儿氏族的最初的氏族，则作为胞族继续存在。在塞讷卡人和大多数其他印第安人中间，一个胞族内的各氏族被认为是兄弟氏族，而别个胞族的各氏族则被认为是它们的从兄弟氏族"。在不同的部落之间，我们通常可以看到名称相同的氏族以不同的方式集结在各胞族中。

易洛魁人的胞族的职能，部分的是社会性质的，部分的是宗教性质的：

胞族间互相赛球竞技；在部落议事会上，每个发言者都面对各胞族的代表讲话，两个胞族彼此相对；如果部落内发生杀人事件，而行凶者与被害者不属于同一个胞族时，被害者的氏族往往诉诸自己的兄弟氏族；于是这些氏族就举行胞族议事会，把对方胞族作为一个整体进行交涉，使对方胞族也召集自己的议事会，以谋求事件的解决；在重要人物死亡时，对方胞族办理安葬和丧礼，而死者胞族的成员则以死者的近亲服丧人资格参与葬仪；在选举酋长时，胞族议事会也出面参预；两个胞族中各有一个宗教团体，举行特殊的宗教神秘仪式；胞族也都有军事单位的意义。

几个氏族组成了一个胞族，而几个胞族则组成了一个部落。

印第安人的部落往往有自己的地区和自己的名称，他们除了占有一块实际居住地、一块相当大的地区共打猎和捕鱼之外，还有一块广阔的中立地带。中立地带的大小由各部落语言接近的程度决定。"在语言接近的各部落中间，这种中立地带比较狭小，在语言不接近的各部落中间，中立地带比较宽大。"而部落的名称，多半是偶然发生的，而不是有意选择的。他们有独特的，仅为这个部落所用的方言。部落和方言的范围在实质上往往是一致的。

他们有委任氏族选出的酋长和军事领袖的权利，同时也有罢免他们的权利。这个罢免的权利甚至可以违反酋长和军事领袖所在的氏族的愿望；印第安人对宗教的信仰多半还停留在原始野蛮人的阶段，胞族有共同的宗教观念和崇拜仪式；各个氏族的酋长和军事领袖组成了管理公共事务的部落议事会，每个出席的人都可以随意发表意见，妇女也有自己的民意代表，最后的决定要一致通过才行；在有些部落中间，有一个最高首领，但是最高首领的权利是很小的。

最高首领从酋长之中选出，他要在议事会召集会议做出最后决定之前采取临时措施。

在个别地方，最初本是亲属部落的一些部落从分散状态中又重新团结为永久的联盟，这样就朝民族的形成跨出了第一步。在易洛魁人中间，便可以见到这种联盟的最发达的形式。

联盟的基本特点是这样的：

5 个血缘亲属部落以完全平等和在部落的一切内部事务上的独立为基础，结成永世联盟。这种血缘亲属关系是联盟的真实基础。这些氏族中的每一个氏族，其成员在所有 5 个部落中都被认为是兄弟。仅在方言上有差异的共同语言，便是共同世系的表现和证明；联盟议事会作为联盟的机关对联盟的一切事务作最后的决定；酋长担任专为联盟目的而设立的公职，同时有关的氏族也可以随时罢免他们；联盟的这些酋长们，在他们各自的部落中也是酋长，享有参加部落议事会和表决的权利；联盟议事会的一切决议，须经全体一致通过；表决是按部落举行，全体成员，都必须一致赞成，决议才算有效；5 个部落议事会中每一个都可以召集联盟议事会，但联盟议事会本身不得自行召集；每个易洛魁人都可以在会议上发言，只有议事会才能作决定；联盟没有主掌执行权的首脑；联盟有两个具有平等职能和平等权力的最高军事首长。

氏族、胞族、部落之间的关系是"氏族整个包括在胞族内，胞族整个包括在部落内"。在部落与部落之间，还有部落联盟，这是部落间结成的军事联盟，也是氏族制度的最高形式。氏族、胞族和部落"这三种集团代表着不同层次的血缘亲属关系，每个都是闭关自守，自己的事情自己管理，但是又互相补充。归它们管辖的事情，包括低级阶段上的野蛮人的全部公共事务。"

对于氏族制度多表现出来的原始共产制和平等自愿，恩格斯赋予了极高的赞誉"而这种十分单纯质朴的氏族制度是一种多么美妙的制度呵！没有大兵、宪兵和警察，没有贵族、国王、总督、地方官和法官，没有监狱，没有诉讼，而一切都是有条有理的。一切争端和纠纷，都由当事人的全体即氏族或部落来解决，或者由各个氏族相互解决；血族复仇仅仅当作一种极端的、很少应用的威胁手段；我们今日的死刑，只是这种复仇的文明形式，而带有文明的一切好处与弊害。虽然当时的公共事务比今日多得多，——家户经济是由一组家庭按照共产制共同经营的，土地是全部落的财产，仅有小小的园圃归家户经济暂时使用，——可是，丝毫没有今日这样臃肿复杂的管理机关。一切问题，都由当事人自己解决，在大多数情况下，历来的习俗就把一切调整好了。不会有贫穷困苦的人，因为共产制的家户经济和氏族都知道它们对于老年人、病人和战争残废者所负的义务。大家都是平等、自由的，包括妇女在内。他们还不曾有奴隶；奴役异族部落的事情，照例也是没有的。"

然而，我们必须清醒地认识到，这种组织是必然要灭亡的。从氏族到部落，所有的规范或者按照恩格斯所称的习俗都只在组织内部有效，组织以外则不受任何保护，这种缺乏广泛性的习俗导致了部落和部落之间的战争，部落联盟正是这种战争的需要。然而，氏族制度对残酷的战争无能为力。部落与部落之间缺乏普遍习俗，氏族制度也没有约束部落之间相互关系的规则，这往往促使氏族制度崩溃。并且，氏族制度时期，人们更多的是受制于大自然，改造自然的能力低下，生产力水平不高，人和人之间更多的是自然共同体的纽带，没有高级的人类关系，随着生产力的进步，自然共同体的权利一定会被打破。

但是，氏族制度的打破，"使人感到从一开始就是一种退化，一种离开古代氏族社会的纯朴道德高峰的堕落的势力所打破的。最卑下的利益——无耻的贪欲、狂暴的享受、卑劣的名利欲、对公共财产的自私自利的掠夺——揭开了新的、文明的阶级社会；最卑鄙的手段——偷盗、强制、欺诈、背信——毁坏了古老的没有阶级的氏族社会，把它引向崩溃。而这一新社会自身，在其整整两千五百余年的存在期间，只不过是一幅区区少数人靠牺牲被剥削和被压迫的大多数人而求得发展的图画罢了，而这种情形，现在比从前更加厉害了。"

其次是对希腊人氏族的考察。

希腊人，在史前时代，就已经按照"氏族、胞族、部落、部落联盟"组织起来了，"希腊人，在他们出现在历史舞台上的时候，已经站在文明时代的门槛上了"。他比易洛魁人超前了两个时期，群婚的痕迹正开始显著地消失，进入了父权制的氏族制度。"母权制已让位给父权制；正在产生的私有制就这样在氏族制度上打开了第一个缺口。第二个缺口是第一个缺口的自然结果：由于在实行父权制以后，富有的女继承人的财产在她出嫁时应当归她的丈夫所有，从而归别的氏族所有，所以，这便摧毁了整个氏族权利的基础，在这种情况下，为了把少女的财产保存在氏族以内，不仅容许少女在氏族内出嫁，而且也规定要这样做。"

雅典人的氏族建立在以下基础上：

为祀奉一定被假想为氏族的男始祖的神，共同的宗教祭祀和祭司拥有的特权；共同的墓地；相互继承权；在受到侵害时提供帮助、保护和支援的相互义务；在一定条件下，尤其是事关孤女或女继承人的时候，在氏族内部通婚的相互权利和义务；至少在某些情况下拥有共同财产，有自己的一位酋长和一位司库。

在这些基础上，几个氏族结合为一个不太紧密的胞族。

希腊人的氏族已经具备了父权制氏族的特点，希腊的氏族还具有以下特征：

希腊氏族按照父权制计算世系；除了女继承人例外，禁止氏族内部通婚，妇女出嫁后，就不再参加本氏族的宗教仪式，而改行她丈夫的氏族的宗教仪式，注籍于她丈夫的胞族，这个特征恰恰说明当时实行的是外婚制，但是，如果妇女作为继承人，拥有财产，她就可以在氏族内结婚而不必出嫁到别的氏族；用家庭接纳的办法来接纳外人入族；氏族有选举和罢免酋长的权利，那个历史阶段的酋长的位置，不太有世袭的可能，富人和穷人才在内部有了完全平等的权利。很多史学家总是把氏族看作家庭集团，但事实上，"在氏族制度之下，家庭从来不是，也不可能是一个组织单位，因为夫与妻必然属于两个不同的氏族。氏族整个包括在胞族内，胞族整个包括在部落内；而家庭却是一半包括在丈夫的氏族内，一半包括在妻子的氏族内。"

按照马克思的说法："与原始形态的氏族——希腊人像其他凡人一样也曾有过这种形态的氏族——相适应的血缘亲属制度，保存了全体氏族成员彼此之间的亲属关系的知识……氏族名称的作用就在于使具有这种名称的人不忘他们有共同世系的事实……氏族名称本身就是共同世系的证据，而且除了接纳外人入族的情形以外，也是不可更改的证据。"

希腊人也有胞族，"像在美洲人那里一样，是一种分裂成几个女儿氏族同时又把它们联合起来的母亲氏族，这种母亲氏族常常还能表明所有这些女儿氏族出自一个共同的男始祖。"胞族内的全部氏族都是真正的兄弟氏族，与易洛魁人的胞族相比较，胞族被看作是军事单位。此外，胞族在其成员被害时有追究的权利和义务；可见在较早的时代，胞族也有血族复仇的义务。其次，胞族有共同的神殿和节日。再次，胞族有一个胞族长，它还有全体大会，通过必须执行的决定，拥有法庭和行政机关。

几个亲属胞族构成一个部落，每个部落有3个胞族，每个胞族有30个氏族。这样细密的集团划分，是以有意识和有计划的干涉自然形成的秩序为前提的。部落间方言上的差异不那么显著，只有主要方言相同的部落才联合成为一个大的整体。

希腊的各部落大多数已联合成为一些小民族，"在这种小民族内部，氏族、胞族和部落仍然完全保持着它们的独立性。它们已经住在有城墙保护的城市里；人口的数目，随着畜群的增加、农业的扩展以及手工业的萌芽而日益增长；与此同时，就产生了财产上的差别，随之也就在古代自然形成的民主制内部产生了贵族分子。各个小民族，为了占有最好的土地，也为了掠夺战利品，进行着不断的战争；以俘虏充作奴隶，已成为公认的制度。"

英雄时代通常是指《荷马史诗》描述的时代，大约在公元前776年到公元前509年，属于野蛮时代的高级阶段。这是希腊氏族社会解体，奴隶制国家形成时期，这个时期，在雅典人中，有3个互相协调的机关：

常设的权力机关为议事会，这种议事会最初大概是由各氏族的酋长组成的，后来，由于其人数增加得太多，便由其中选出的一部分人组成，这就造成了发展和加强贵族分子的机会，英雄时代的议事会正是这样由贵族组成的。议事会对于一切重要问题作出最后决定。军事首长职位的日益重要，人口繁殖和财富的增多，在军事和市政方面设置了若干新的官职，议事会的重要性有所下降。随着国家的设立，这种议事会变成元老院了。

人民大会是希腊氏族社会最高级的权力机关，同易洛魁人的一样，当议事会开会时，人民——男男女女都站在周围，有秩序地参加讨论，这样来影响它的决定。在荷马所描写的希腊人中间，这种"围立"已经发展成为一种真正的人民大会。它由议事会召集，以解决各项重要事务，每个男子都可以发言，决定是用举手或欢呼通过的。当部落中每个成年男子都是战士的时候，那脱离了人民的、有可能和人民对抗的公共权力还不存在。自然形成的民主制还处于全盛时期。

军事首长，又被称为巴赛勒斯。"如果说在希腊人中间，在父权制统治之下，巴赛勒斯的职位通常是传给儿子或儿子中的一个，那么这仅仅证明，儿子们在这里很有可能通过人民选举而获得继承权，但决不证明不经过人民选举就实行合法继承。"这就形成了"氏族内部特殊的贵族家庭的最初萌芽，而在希腊人那里，除此之外还是未来的世袭元首或君主制的最初萌芽……希腊人的巴赛勒斯，必定是或者由人民选举的，或者为人民的公认的机关——议事会或人民大会——所认可的。"

巴赛勒斯只是军事首长，并不是希腊人的最高国王，而是作为围城盟军的最高统帅出现的。他没有权利分配战利品，必须由人民来分配。

除军事的权限以外，巴赛勒斯还有祭祀的和审判的权限；审判的权限没有详细规定，但祭祀的权限是他作为部落或部落联盟的最高代表而被赋予的。他没有关于民政、行政的权限，亚里士多德认为，巴赛勒斯是军事首长、法官和最高祭司，并未掌握后来的意义上的统治的权力。

"在英雄时代的希腊社会制度中，古代的氏族组织还是很有活力的，不过我们也已经看到，它的瓦解已经开始：由子女继承财产的父权制，促进了财产积累于家庭中，并且使家庭变成一种与氏族对立的力量；财产的差别，通过世袭贵族和王权的最初萌芽的形成，对社会制度发生反作用；奴隶制起初虽然仅限于俘虏，但已经开辟了奴役同部落人甚至同氏族人的前景；古代部落对部落的战争，已经逐渐蜕变为在陆上和海上为掠夺牲畜、奴隶和财宝而不断进行的抢劫，变为一种正常的营生，一句话，财富被当作最高的价值而受到赞美和崇敬，古代氏族制度被滥用来替暴力掠夺财富的行为辩护。所缺少的只是一件东西，即这样一个机关，它不仅保障单个人新获得的财富不受氏族制度的共产制传统的侵犯，不仅使以前被轻视的私有财产神圣化，并宣布这种神圣化是整个人类社会的最高目的，而且还给相继发展起来的获得财产从而不断加速财富积累的新的形式，盖上社会普遍承认的印章；所缺少的只是这样一个机关，它不仅使正在开始的社会分裂为阶级的现象永久化，而且使有产者阶级剥削无产者阶级的权利以及前者对后者的统治永久化。而这样的机关也就出现了。国家被发明出来了。"

　　易洛魁人的氏族是氏族社会发展的第一阶段，即为母权制氏族，希腊人的氏族是氏族社会发展的第二阶段，即为父权制氏族。母权制和父权制是氏族社会里既有区别而又互相衔接的两个发展阶段。如果说是母权制是人类社会的头一个有组织的社会集团的话，那么父权制便是人类跨向文明——阶级社会的第一阶梯。因此，恩格斯非常精辟地指出："随着家长制家庭的出现，我们便进入成文历史的领域。"

　　作为氏族制度中两个前后相续的发展阶段，易洛魁人氏族与希腊人氏族有着组织体系和运行机制上的一致性，反映出氏族制度的一般特征：

　　易洛魁人氏族和希腊人氏族都建立在血缘亲属关系的基础上，固定的世系是其赖以存在的共同基础。氏族与更原始的婚级制不同的根本点就在于它以亲属关系为纽带，氏族成员之间有了固定的亲属称谓，人们之间的血亲网络更加有序化。易洛魁人氏族以母系为纽带，希腊人氏族以父系为纽带，都体现了"固定的世系"这一氏族制度的基本原则。

　　对通婚范围的限定是二者存在的根本保证。在原则上易洛魁人氏族和希腊人氏族都严格遵守氏族外通婚制度。恩格斯指出："氏族任何成员不得在氏族内部通婚：这是氏族的根原则，维系氏族的纽带；这是极其肯定的血缘亲属关系的否定表现，赖有这种血缘亲属关系，它所联合起来的个人才成为一个氏族。摩尔根由于发现了这个简单的事实，就第一次阐明了氏族的本质。"

　　二者都以原始民主制为最高社会规范和行动准则。首领的选举、战前动员以及其他重大决定都要参考氏族成员的意见。易洛魁人氏族成员在选举首领和酋帅时，"按照他们的习惯，必须在两名候选人当中投票表决，这两人都得是本氏族的成员。每一个成年的男女都被召集来，让他或她表示赞成选谁的意见，得到最大多数人同意的候选者就成为被提名的人。"同时，易洛魁人氏族成员还保持着罢免其酋长和酋帅的权利，这种权利的重要性不在选举权之下。易洛魁人有处理政治事务的氏族大会，"这是一种民主大会。因为参加会议的每一个成年男子和女子都对他们所讨论的一切问题有发言权。"希腊人氏族成员也有选举和罢免氏族酋长的权利。

氏族作为一种基本组织单位，是古代社会的基础。氏族的这一基础性地位决定了易洛魁人氏族和希腊人氏族的多功能特征。二者都强调氏族名称的独占性，强调共同的安全意识和财产的族内继承。并且在易洛魁人氏族和希腊人氏族体系中，均出现了氏族的扩大组织，即胞族和部落。[①]

这些都是母权制氏族和父权制氏族的共同之处，因此，虽然作为两个阶段，易洛魁人氏族和希腊人氏族仍然构成了氏族社会这一历史阶段。并进一步过渡到更高级的组织，即国家。能够过渡到国家，反过来也说明了易洛魁人氏族和希腊人氏族开始有了差别，氏族社会的历史阶段有了能够被更高级组织替代的历史的缝隙。而这种缝隙，是我们能够在易洛魁人氏族和希腊人氏族的差别中找到的。

易洛魁人氏族作为一母系氏族的典型，它的产生最直接的动因来自人伦关系改进的需要。在人类历史上起决定作用的两种生产：物质生产和人口繁衍，对于原始社会也不例外。关于第一种生产，

---

① 闫天灵，张军，《易洛魁人氏族与希腊人氏族的比较研究》，《西北民族学院学报》（哲学社会科学版），1999 年第 4 期。

人类社会一开始就是以原始人群为单位集体进行的，这一群体性在氏族社会中得到保留；希腊人氏族维系的根本条件除限制婚配范围以外，还有着深刻的社会经济原因。荷马时代的希腊人氏族正处于野蛮时代的高级阶段。这种新型社会制度的诞生离不开当时生产力和生产关系的巨大发展。正如恩格斯所言："在旧大陆，家畜的驯养和畜群的繁殖，创造了前所未有的财富的来源，并产生了全新的社会关系。"

从婚姻制度方面看，希腊人氏族较易洛魁人氏族的婚姻关系更加稳定，出现了"专偶婚制"，确定了子女亲生父亲是谁，偶婚制或一夫一妻制本身就是父系氏族产生的一个必要条件。对于希腊人氏族来说，"除了生身的母亲以外，它又确立了一个确实的生身父亲，而且这个生身父亲，大概比今天的许多'父亲'还要确实些。""生身父亲"在易洛魁人母系氏族中是很难找到的。

易洛魁人氏族实行典型的原始共产主义，而希腊人氏族中则出现了私有财产和产生了家庭经济。在易洛魁人氏族中，对偶婚关系下的夫妻关系松弛，离异较容易，双方始终没有形成一个独立的经济单位。但在希腊人氏族中，随着劳动生产率的提高和产品剩余的增多，个体家庭的分离成为可能。

部落联盟是易洛魁人氏族社会中人们共同体发展的最高阶段，而希腊人氏族则前进到民族这一新型的人们共同体阶段。易洛魁人氏族处于原始社会早期，只扩展到部落联盟这一级。部落联盟虽然在地域范围、人口规模上都大大超出氏族的许可，但各氏族、胞族、部落之间的界限仍明显存在，氏族成员的流动、交往受到很大限制，并成为一个民族。民族是一种新兴的人们共同体，由专门的机构去承担原来由氏族部落承担的一些社会功能。

以易洛魁人氏族为代表的母系氏族巩固并扩大了禁止血亲婚配的成果，把人类从粗野引向正规，从无序引向有序，迈出了人类进步史上具有决定意义的一步。以希腊人氏族为代表的父系氏族则走得更远，它第一次把以财产为中心的经济因素提上重要位置，加速了个体家庭的独立化过程，促使了私有制和国家的产生，把人类引入文明时代。

二、国家起源

恩格斯从家庭这个社会的细胞进行分析，认为家庭在国家的起源过程发挥了的重要作用。家庭一开始就进入历史的发展过程中。他认为家庭不仅仅是私人领域的事情，而是一种基本的社会制度和社会关系。家庭是个能动的因素。它从来不是静止不动的，而是随着社会从较低级阶段向较高级阶段发展，从较低的形式向较高的形式发展。在家庭形式的发展过程中，恩格斯考察了家庭与氏族、家庭与私有制的关系，认为家庭起初是唯一的社会关系，当需要的增长产生了新的社会关系时，这种家庭便成为从属关系了。家庭在不同的时期具有不同的动力，因此家庭是一个历史的范畴，并不断发展变化，从家庭的发展变化中，我们也可以寻找出国家产生的深层次原因。

在家庭的发展过程中，建立起了以母系氏族为纽带的血缘关系的氏族。氏族源于一个共同始祖母，是一群血缘相近的人们。母系氏族最古老。19 世纪易洛魁人正处在氏族社会发达阶段，保留有氏族、胞族、部落和部落联盟一系列完整结构。《起源》第三章专门进行研究，逐一阐明它们的特点。氏族、胞族、部落和部落联盟，均是易洛魁人氏族制度的各层社会组织。恩格斯赞道：这种十分单纯质朴的氏族制度是一种多么美妙的制度啊！没有大兵、宪兵和警察，没有贵族、国王、总督、地方官和法官，没有监狱，没有诉讼，而一切都是有条有理的，家户经济是由一组家庭按照共产制共同经营的，土地是全部落的财产，仅有小小的园圃归家户经济暂时使用，可是，丝毫没有今日这样臃肿复杂的管理机关。一切问题，都由当事人自己解决，在大多数情况下，历来的习俗就把一切调整好了。不会有贫穷困苦的人，大家都是平等、自由的，包括妇女在内。各民族在没有分化为阶级以前，其社会亦是如此。由于生产力的发展而促进私有制和阶级产生之后，才使这种古老的氏族制度崩溃，发展成为父系氏族。后来由于父系氏族的建立，子女开始继承财产，促进了财产积累于家庭之中，并且使家庭变成一种与氏族对立的力量。父系氏族产生于早期阶级社会的前夜，是它促进了阶级社会的产生。《起源》第四、六、七章对希腊人、罗马人、克尔特人和德意志人的父系氏族情况进行描述，其中以希腊人氏族最为典型。父系氏族乃是母系氏族更高一级的氏族，不同的是父权制按父系计算世系和继承财产，实行私有制，部落战争频繁，开始把俘虏当作奴隶，氏族和部落内部混杂有外族人，军事首领职权已开始与议事会和人民大会的职权相对立，这些都显示氏族制度在崩溃中。历史发展到这个阶段，所缺少的只是一件东西，即这样一个机关，它不仅可以保障单个人新获得的财富不受氏族制度的共产制传统的侵犯，不仅使以前被轻视的私有财产神圣化，并宣布这种神圣化是整个人类社会的最高目的，而且还给要相继发展起来的获得财产从而不断加速财富积累的新的形式，盖上社会普遍承认的印章；所缺少的只是这样一个机关，它不仅使正在开始的社会分裂为阶级的现象永久化，而且使有产者阶级剥削无产者阶级的权利以及前者对后者的统治永久化。而这样的机关也就出现了。国家被发明出来了。国家是父系氏族历史的继续。《起源》在以后4章里探讨国家起源时，提到父系氏族，因此所占篇幅比易洛魁人氏族多3倍。财产的差别，通过世袭显贵和王权的最初萌芽的形成，对社会制度发生反作用。由于人们对社会财富通过诸如掠夺财物、家畜等手段，因此财富不断地积累到少数人手中，从而引起私有财产的不断增加，因此社会出现了分化，少数人占有社会的巨大的财富，多数人却陷入了贫穷之中，处于被压迫被奴役的状态之中。因此需要一个机关，它不仅可以使正在开始的社会划分为阶级的现象永久化，而且可以使有产阶级剥削无产者的权利以及前者对后者统治永久化。

由于生产力的不断发展，出现了第一次社会大分工使游牧民族从其他农耕民族中分离出来，在这一阶段中出现了青铜器，由于畜牧业、农业、手工业生产的增加，使人的劳动力能够产生剩余的产品，因此每个氏族成员的劳动量大大增加，因此必须提供足够的劳动力，而战争提供了足够的劳动力，把俘虏变成奴隶，第一次社会大分工，由于劳动生产率的不断地提高，不仅使财富增加而且使生产的规模扩大，也出现了社会的分裂，分裂为两个阶级——奴隶主和奴隶，剥削者和被剥削者。随着父权制的建立，每个家庭开始与氏族进行抗衡，随着财富的的进一步增加，生产技术的改进，于是出现了第二次社会大分工，手工业开始与农业相分离，因此商品生产开始出现了，海外贸易也出现了。在此基础上出现了穷人和富人的差别，由于新的社会分工，使社会又出现了新的阶级划分，土地开始积聚到家庭手中，并向完全的私有财产过渡。氏族的首领利用手中的权力，使权力集中到少数人手中，从一个自由处理内部事务的组织转变为掠夺和镇压邻人的组织，而它的各种机关也相应地从人民意志的工具转变为旨在反对自己人民的一个独立的统治和压迫机关，而发生这种情况的原因是由于氏族内部的不均衡性导致氏族内部发生了分化而获取生存资料，只能有奴隶来完成，由于前两次社会分工，特别是通过加剧城市和乡村的对立，因而出现了第三次社会大分工，使商业从农业和手工业中分出来，形成了一个只从事交换的阶层，使社会财富的积聚更加不均衡，反映在政治上，由于氏族制度已经不能适应生产力发展的要求，而社会又出现了奴隶主和奴隶，富人和穷人，而这两种社会矛盾又无法进行调和，因而必须出现第三种统治力量，以使社会在一个可控的范围内活动。

由此可见，国家绝不是从外部强加于社会的一种力量。国家也不像黑格尔所断言的是道德观念的现实，理性的形象和现实，毋宁说国家是社会发展到一定阶段上的产物，国家是表示这个社会陷入了不可解决得自我矛盾，分裂为不可调和的对立面而又无力摆脱这些对立面，而为了使这些对立面，这些经济利益互相冲突的阶级，不致于在无谓的斗争中把自己和社会消灭，就需要一种表面上凌驾于社会之上的力量，这种力量应该缓和冲突，把冲突保持在秩序的范围内，这种从社会中产生而又自居于社会之上并且日益同社会脱离的力量，就是国家。恩格斯用精辟的语言揭露了国家的产生及其实质，从这段话可知，国家是阶级范畴，是阶级矛盾不可调和的产物。由于私有财产制度的建立，从而为国家的产生奠定经济基础，而阶级矛盾的不断尖锐化是国家产生的政治基础，由于生产力的不断发展，三次大分工的出现，出现了奴隶主和奴隶，富人和穷人，而二者之间的矛盾又不可调和，因此需要有第三种力量来使对立阶级在一个特定范围内活动，从而需要建立一个机构来管理社会和实行阶级压迫，于是第一个奴隶主阶级专政的国家便产生了。国家又是一个历史范畴，它不是从来就有的，而是社会发展到一定阶段的产物，它不是从外部强加于社会的力量。在原始社会，由于生产力水平极其低下，没有剩余产品，国家也不会出现，但随着生产力的发展，出现了剩余产品，国家也便出现了。国家的职能是缓和社会冲突。为了维护统治阶级的利益，国家必须要使阶级斗争在一个合理的范围内。但这种缓和是相对的，它不可能从根本上解决阶级矛盾。国家是产生于社会之上又凌驾于社会之上，并且日益同社会想脱离的力量。国家一旦建立，要施行自己的职能，必须要凭借它所掌握的暴力工具和她所建立的法律，才能使自己居于至高无上的地位，从而凌驾于社会之上。国家只代表统治阶级的利益。

三、国家产生的三种形式

当父权制替代了母权制，财富收到最高的价值而受到赞美和崇敬，然而却缺少一个机关来来保障单个人新获得的财富不受氏族制度的共产制传统的侵犯；来神圣化私有财产，并且鼓吹这种私有财产是整个人类社会的最高目的，并得到社会的普遍承认；将阶级现象永久化。国家作为这个机关的现实形式出现则标志着人类的文明跨入到一个新的纪元。而对国家如何产生已逐渐发展壮大的问题，恩格斯在《起源》中的用 4 个章节的篇幅叙述了国家的产生，并将其归纳为 3 种形式。它们分别是：第五章概述了雅典国家的产生；第六章总结了罗马的氏族和国家；第七章叙述了克尔特人和德意志人的氏族；第八章讲述了德意志人国家的形成。对这几个国家形式进行概括，恩格斯指出，国家的产生有不同的过程和途径，他以雅典、罗马和德意志国家产生的历史过程为事实依据，系统地阐述国家在氏族制度的废墟上产生的 3 种主要形式：一种是雅典式的形式，国家直接从氏族社会内部发展起来的阶级对立中产生形成，这是国家产生的典型形式；第二种是罗马形式的国家起源，罗马国家是平民和贵族斗争的结果；第三种是德意志人的国家产生途径，即国家是直接从征服广大外部领土中产生的。

如恩格斯所说，在国家起源的问题上，"关于这一切，至少是它的初始阶段，再好莫过于从古雅典来加以研究。"将雅典国家的产生作为典型之一，代表了氏族制度内部矛盾斗争的结果，没有外来力量干涉而形成的国家。

英雄时代①的雅典，是雅典国家产生的历史时期。这个时期的雅典人分为 4 个部落，分别居住在阿提卡的各个地区。"制度也是英雄时代的制度：人民大会，人民议事会和巴赛勒斯。"人民议事会由酋长组成，也称为酋长会议，是常设的机关。议事会对于一切重要问题作出最后的决定。但是随着巴塞勒斯职位的日益重要，以及人口繁殖和财富的增多，在军事和市政方面设置了若干新的官职，议事

———————

① 英雄时代是指《荷马史诗》描述的时代，大约在公元前 776 年到公元前 509 年，属于野蛮时代的高级阶段。这是希腊氏族社会解体、奴隶制国家形成时期。

会的重要性有所下降。随着国家的建立，这种议事会就变为元老院了；人民大会是希腊氏族社会最高级的机关。人民大会由议事会召集，每个男人都可以自由发言，但是妇女已经没有这种权利。人民大会解决各项重要问题，决定使用举手或者欢呼来表示通过，人民协助来执行。还没有任何可以违反人民意志而强迫他们这样做的手段，自然长成的民主还处在全盛时期；军事首长巴塞勒斯，并不等同于后来的国王，但是作为围城盟军的最高统帅，他无权分配战利品。但是有祭祀和审判权，没有民政和行政权，他不光是军事首长，还是法官和最高祭司。从有成文历史时起，雅典的土地被分割成为私有财产，这与野蛮时代高级阶段末期的比较发达的商品生产已经与之相适应的商品交易相符合，商品生产和商品交换发展到了相对发达的阶段。除了谷物等基本的农业生产之外，葡萄酒和植物油的生产也得到了发展。海上贸易也得到了发展，"由于地产的买卖，由于农业和手工业、商业和航海业之间的分工的进一步发展，氏族、胞族和部落的成员，很快就都杂居起来；在胞族和部落的地区内，移来了这样的居民，他们虽然也是本民族的同胞，但并不属于这些团体，因而他们在自己的居住地上被看作外人。"氏族和部落组织严重松弛，原来的氏族制度现在既管不了本族居民，也管不了外来居民，它的作用大为削弱。而那些已经定居的外来居民，越来越强烈地要求参与管理。这些都扰乱了氏族制度的正常活动，有必要进行改革。

英雄时代的雅典在补救被扰乱的正常活动而进行的改革先后有3次，它们是：提修斯改革，梭伦改革和克里斯提尼改革，这个过程经历了200年的漫长岁月。其中最主要的变化，就是产生了"和人民大众分离的公共权力"。我们先来了解一下提修斯所规定的制度：

"这一改变首先在于，在雅典设立了一个中央管理机关，就是说，以前由各部落独立处理的一部分事务，被宣布为共同的事务，而移交给设在雅典的共同的议事会管辖了。"相邻的各部落的联盟，开始融合为一个新的组织，恩格斯称之为"单一的民族"。这就产生了凌驾于氏族和部落的法的习惯之上的民族法。"只要是雅典的公民，即使在非自己部落的地区，也取得了确定的权利和新的法律保护。"这样的法的保护跨出了摧毁氏族制度的第一步。以往只有属于全阿提卡的部落的人才能成为雅典氏族的公民，而新的民族法的产生，将那些不属于全阿提卡任何部落，也不在雅典氏族制度之内的人，也为雅典的公民。他们都取得了确定的权利和新的法律的保护。这样一来，社会组织原则不再是血缘原则，而是居住地原则。

"据说是提修斯所规定的第二个制度，就是把全体人民，不问氏族、胞族或部落，一概分为 Eupatriden 即贵族、Geomoren 即农民和 Demiurgen 即手工业者 3 个阶级，并赋予贵族以担任公职的独占权。"这一划分，给了贵族担任公职的特权，而并没有给其余的两个阶级任何特殊的权利。但是，提修斯所规定的第二个制度具有重大的意义：首先，它向人们展示了新生的，悄悄发展起来的社会要素。特定家庭成员"担任氏族公职的习惯，已经变为这些家庭担任公职的无可争辩的权利；这些因拥有财富而本来就有势力的家庭，开始在自己的氏族之外联合成一种独特的特权阶级"。这表明拥有财富的家庭终于实现了对公职权的独占。其次，贵族和农民、手工业者越来越清晰地区分开来，"农民和手工业者之间的分工已经如此牢固，以致以前氏族和部落的划分在社会意义方面已不是最重要的。"最后，无论是血缘原则被居住地原则打破，亦或是原本平等的不同分工者现在有了高低之分，并且拥有财富的特权阶级霸占了公职，这些都宣告了"氏族社会和国家之间的不可调和的对立"。

在梭伦时代之前，雅典经历了一段我们目前知道不是很完全的历史阶段。那是，巴塞勒斯已经被废除，从贵族中评选出的国家首脑来执政。随着贵族统治的加强，对人们的压迫已经变得难以忍受。"货币和高利贷已成为压制人民自由的主要手段。"财富集中在贵族手中。由此而日益发达的货币经济，就像腐蚀性的酸类一样，渗入了农村公社的以自然经济为基础的传统的生活方式。根据氏族制度和货币经济各自的特点，二者是对立不能相容的。氏族贵族对财产和土地的掠夺，使自由民沦落为债务人，并因此大批逃亡。人们无法再继续支配自己的劳动，富人和穷人，剥削者和被剥削者间的对立明显，氏族的平等传统对此无能为力。"生产是在极狭隘的范围内进行的，但生产品完全由生产者支配。这是野蛮时代的生产的巨大优越性，这一优越性随着文明时代的到来便丧失了。"在希腊人那里，"业已出现的对畜群和奢侈品的私人占有，引起了单个人之间的交换，使产品变成了商品。这就包含着随之而来的全部变革的萌芽。"生产者不再支配自己的产品，当通过交换把商品转让出去之时，他们就丧失了对自己商品的支配权。"随着商品生产，出现了个人单独经营的土地耕作，以后不久又出现了个人的土地所有制。随后就出现了货币，即其余一切商品都可以和它交换的普遍商品。"货币以其前所未有的力量让整个社会都要向它屈膝。债务以前所未有的范围控制着世界。在全部阿提卡境内，杂居继续发展，一代比一代厉害，土地不断地被出让。"随着工业和交换的进一步发展，各种生产部门——农业、手工业（在手工业内又有无数行业）、商业、航海业等——之间的分工日益充分地发展起来；居民现在依其职业分成了相当稳定的集团；其中每个集团都有好多新的共同的利益，这种利益在氏族或胞族内是没有存在的余地的，因而就需要创设新的公职来处理这种利益。"氏族制度走到了尽头，社会已经超过了氏族制度的范围，这时，国家已经不知不觉发展起来了，并且建立了自己需要的武装。设置了诺克拉里，也就是小规模的区，这种小规模的区的设立，"对氏族制度起了双重的破坏作用：第一，它造成了一种已不再直接等同于武装起来的全体人民的公共权力；第二，它第一次不依亲属集团而依共同居住地区为了公共目的来划分人民。"

不能排解的债务困扰直接影响到了新兴的工商业的发展，希腊历史上著名的梭伦改革①开始了。"在梭伦所进行的革命中，应当是损害债权人的财产以保护债务人的财产。债务简单地被宣布无效了。"这实际上是革了氏族贵族所有制的命。梭伦的政策的目的在于使那些因债务而被出卖和逃亡到海外的人都重返家园，从而为工商业奴隶制的发展扫清了道路。为此，它对制度本身做了修改："议事会规定由 400 人组成，每一部落为 100 人；因此在这里，部落依然是基础。不过这是新的国家组织从旧制度中接受下来的唯一方面。至于其他方面，梭伦把公民按照他们的地产和收入分为 4 个阶级；500、300 及 150 袋谷物（1 袋约等于 41 升），为前 3 个阶级的最低

---

① 梭伦改革是一次奴隶主阶级革命。梭伦出身于破落贵族家庭，年轻时经过商，政治观点跟工商业奴隶主一致，主张实行有利于发展工商业奴隶制经济的政治和经济改革，所以他在雅典平民的心目中是一个受欢迎的革新派人物。公元前 594 年，梭伦当选为首席执政官。当时，被压迫的农民正在酝酿武装反抗，氏族贵族十分恐慌，被迫同意梭伦执政和实行改革。

限度的收入额；地产少于此数或完全没有地产的人，则属于第四阶级。一切公职只有 3 个上等阶级的人才能担任；最高的公职只有第一阶级的人才能担任；第四阶级只有在人民大会上发言和投票的权利，但是，一切官吏都是在这里选出的，一切官吏都要在这里报告自己的工作；一切法律都是在这里制定的；而第四阶级在这里占多数。贵族的特权，部分地以财富特权的形式得到更新；但人民却保留有决定的权力。此外，4 个阶级都是新的军队组织的基础。前两个阶级提供骑兵，第三阶级提供重装步兵，第四阶级提供不穿甲胄的轻装步兵或在海军中服务，大概还领薪饷。"

私有财产加入到制度之中，公民的权利和义务有了新的衡量标准，开始按照人们的地产的多寡来规定，新的有产阶级的势力日益壮大，就得血缘亲属集团日益受到排斥，氏族制度又一次遭受失败。

贵族们想要夺回他们的特权，但是"克利斯提尼革命（公元前509 年）最终把他们推翻，但与之同时也推翻了氏族制度的最后残余。"新的改革完全以地区来划分居民和选举单位，这样，有决定意义的就不再是血族团体的族籍，而是人们的常住地区，居民在政治上已经变成地区的简单附属物了。500 人会议代替了 400 人会议，按地籍划分居民选举代表，氏族酋长会议的职能衰落了。"十将军委员会"共掌军事，军事与民众分离了。克利斯提尼革命最终彻底摧毁了氏族制度，血族制度的各种机关不再过问社会事务，下降为私人性质的团体和宗教会社。雅典奴隶主民主政治的国家代替了氏族制度。

雅典国家的强大，还表现在统辖了众多的城邦，以及拥有强大的武装力量。公元前 443 到前 429 年，雅典统辖了大大小小 200 多个城邦，共有居民 1000 万～1500 万。在军事上，有三层战舰 400 艘，陆战队 2.7 万人，这在古代是一支惊人的武力。雅典人依靠军事上的优势，保持了它在城邦国中的霸主地位，以及在爱琴海上的商业独占地位。

随着经济的发展，出现了阶级关系的变化。现在社会制度和政治制度所赖以建立的阶级对立，已经不是贵族和平民之间的对立，而是奴隶和自由民之间的对立、被保护民和公民之间的对立了。到公元前 5 世纪，雅典全盛时期，自由公民的总数，连妇女和儿童在内，约为 9000 万人，而男女奴隶为 36.5 万人，由外地人和释放奴隶形成的被保护民为 4.5 万人。这样，每个成年男性公民至少有 18 个奴隶和两个以上被保护民。由于财富在少数人手中集中，大批自由民变得贫困化，成为穷光蛋。奴隶制国家的形成促进了奴隶经济的发展，同时也加剧了阶级之间的对立，这种对立后来把整个雅典引向灭亡。

恩格斯在评价雅典国家产生时说："雅典人国家的产生乃是一般国家形成的一种非常典型的例子，一方面，因为它的产生非常纯粹，没有受到任何外来的或内部的暴力干涉，——庇西特拉图的篡位为时很短，并未留下任何痕迹，——另一方面，因为在这里，高度发展的国家形态，民主共和国，是直接从氏族社会中产生的；最后，因为我们是充分知道这个国家形成的一切重要详情的。"

历史上国家的产生存在各种形式，有些国家是在具备了一定社会经济条件基础上受到外来的或内部的暴力干涉而产生的，例如，古希腊的斯巴达国家就是由于外来的斯巴达人征服和统治当地的希洛人和庇里阿西人而形成国家的。

　　而雅典国家在其产生时没有受到任何外来的或内部的暴力干涉，"雅典是最纯粹、最典型的形式：在这里，国家是直接地和主要地从氏族社会本身内部发展起来的阶级对立中产生的。"雅典国家产生的历史充分表明了：由于社会经济的发展在氏族社会内部产生了阶级和阶级矛盾，当阶级矛盾发展到不可调和的时候便在氏族制度的废场上产生国家。国家的产生经历了一个长过程，在这个过程中，国家是通过新兴阶级的革命斗争才形成的。同时，雅典国家的产生也说明了"国家是怎样靠部分地改造氏族制度的机关，部分地用设置新机关来排挤掉它们，并且最后全部以真正的国家权力机关来取代它们而发展起来的……"由此可见，"国家是阶级矛盾不可调和的产物和表现。在阶级矛盾客观上达到不能调和的地方、时候和程度，便产生国家。"这是国家产生的一般规律，雅典国家就是这种一般规律的典型。

　　恩格斯认为雅典之所以成为国家产生的典型，还在于它的民主共和国这种高度发展的国家形态，是直接从氏族社会中产生的，而不是像后来的一些民主共和国那样是从别的社会基础上产生的。"在奴隶占有制国家内，有君主制，贵族共和制，甚至有民主共和制。"民主共和制是国家发展的最高形态，雅典就是古代世界奴隶制民主共和国的著名国家。在雅典，奴隶主阶级对奴隶阶级实行残酷的阶级专政，但在奴隶主阶级内部在一个时期里相对地存在比较充分的民主。雅典奴隶制民主共和国是随着国家的形成过程逐步形成的，梭伦改革为它奠定了基础，克利斯提尼改革则使它最后形成。历史上许多国家产生的历史由于缺少史料记载而不清楚，而雅典国家产生的一切重要详情却为人们充分知道。所以雅典国家的产生自然成为一般国家产生的非常典型的例子。

在本部著作的第六章，恩格斯论述了罗马的氏族和国家。

在世界古代史上，就氏族制解体到奴隶制国家建立，特别是古典奴隶制度的建立而言，雅典和罗马是两个典型的例子。它们在由氏族制度向奴隶社会过渡的过程中都具备鲜明的阶段性，最后都建立起高度发展的古典奴隶制城邦国家。但是，正如西方历史学家归纳的那样，以雅典为代表的希腊和罗马文明各具特色、各擅其长：两者在从氏族社会向阶级社会转变的形式上各有特点；两者在城市国家的发展方向上逐渐分道扬镳；两者所实行的政治制度表现出较大的差异性；两者对后世贡献的领域也各有侧重，故有"辉煌属于希腊""宏伟归于罗马"这一抽象的对比和概括。

虽然雅典和罗马的氏族制度并没有本质区别，但细细分析起来，雅典的氏族、胞族、部落组织是更为纯粹的血缘关系产物。传说王政时期有 3 个部落（特里布斯）、30 个胞族（库里亚），300 个氏族。罗马的氏族社会组织则有比较明显的人为痕迹。"在这里除了氏族以外，很少再有自然形成的东西"。

总的来说，罗马的氏族制度和希腊的是相同的。在罗马城出现的早期，罗马社会已经完成了由母权制向父权制的过渡。这时的罗马氏族有这样一些制度：

氏族成员的相互继承权，财产仍保留在氏族以内。在罗马氏族里，也像在希腊氏族里一样，因为父权制已经盛行，所以女系后裔已经没有继承权。首先是子女作为直系继承人继承财产；要是没有子女，则由父方宗亲（男系亲属）继承；倘若连父方宗亲也没有，则由同氏族人继承。无论在哪种情况下，财产都是留在氏族以内的。

同氏族人的原先是平等的继承权，起初在实践上只限于父方宗亲，最后只限于亲生子女及其男系后裔；罗马氏族也拥有共同的墓地和共同的宗教节日；并且氏族内部不得通婚。这在罗马似乎从来没有成为一种成文法，但一直是一种习俗。继承权也证实了这一规则。妇女出嫁后就丧失了她的父方宗亲的权利，而退出自己的氏族；不论她或她的子女都不能继承她的父亲或父亲的兄弟，因为不然的话，父亲的氏族就会失掉一部分财产。这一惯例只有在女子不能和同氏族人结婚的前提下才有意义；共同的地产。这在原始时代，从部落土地开始实行分配的时候起，始终是存在的；同氏族人有互相保护和援助的义务；使用氏族名称的权利。这种权利一直保持到帝政时代；接纳外人入族的权利。其办法是接纳到某一家庭中这同时也就是接纳入族；选举和罢免酋长的权利，库里亚的祭司也是由库里亚选举的；这就是罗马氏族的职能。除了已经完成向父权制的过渡这一点以外，都完全是易洛魁氏族的权利与义务的再版。

罗马人民最初的制度是这样的：罗马的氏族管理机构有 3 个：元老院、人民大会和一位统帅勒克斯。公共事务首先由元老院处理，而元老院，由 300 个氏族的酋长组成，氏族的长老被称为父老，而他们全体则构成元老院。氏族酋长总是从每个氏族的同一家庭中选出的习俗，在这里也造成了最初的部落显贵；这些家庭自称为贵族，拥有进入元老院和担任其他一切官职的独占权。像雅典的议事会一样，在许多事情上有决定权，尤其是新法律方面享有预先讨论权。这些新法律，最后由叫作库里亚大会的人民大会通过。库里亚就是由 10 个氏族组成的胞族，只有身为氏族成员，并且通过氏族成为库里亚成员和部落成员，才能成为罗马人民。库里亚大会通过或否决一切法律，选举一切高级公职人员，包括勒克斯在内，宣战，并以最高法院资格，在一切事关判处罗马公民死刑的场合，根据当事人的上诉作最后的决定。但是人民大会没有勒克斯的召集不能自行召开，也不能倡议任何公务措施或者修改方案。最后，与元老院和人民大会并列的，还有勒克斯，他完全相当于希腊的巴赛勒斯，他同样也是军事首长、最高祭司和某些法庭的审判长。他决没有民政方面的权力，换句话说，决没有处理公民的生命、自由和财产的权力，除非这些权力来自军事首长的惩戒权或法庭审判长的判决执行权。勒克斯的职位不是世袭的；相反地，他大概是由其前任推荐，先由库里亚大会选出，然后在第二次大会上被隆重委任。他也是可以罢免的。这个职务与氏族制度是相符合的，当氏族社会瓦解后，勒克斯就不存在了。除了以上的制度以外，罗马人还设立了一套市政组织，一套完备的军事制度，包括骑士团的设立。像英雄时代的希腊人一样，罗马人在所谓王政时代也生活在一种以氏族、胞族和部落为基础，并从它们当中发展起来的军事民主制之下。尽管库里亚和部落可能一部分是人为的组织，但它们都是按照它们所由发生并且从四面包围着它们的那种真正的、自然产生的社会的模式造成的。尽管自然成长的罗马贵族已经获得了牢固的基础，尽管担任勒克斯的人力图逐渐扩大自己的权力，但是所有这一切并没有改变制度的最初的根本性质，而全部问题就在于这个最初的根本性质。

　　这个时期的罗马就已经形成贵族和平民两个阶层，但他们之间的界限还不是特别严格。罗马城以及靠征服而扩大了的罗马地区上的人口日益增加；增加的人口中一部分是外来移民。每征服或合并一个地区，大批吸收人口时，贵族经常从非贵族中吸收新人进入集团，也往往把其领袖纳入贵族。也就是说，罗马贵族来自组成罗马公社的各种成分，并不一律是纯血缘联系的某些氏族。与贵族形成的同时，那些未能入选为贵族的普通民众就成为平民。因而，平民也是由人数众多的各族人民组成，并构成罗马国家的主要居民。但是他们不是本来的罗马人民的组成部分。除来自征服、合并的各族外，还有零散自由迁入的进行经商、贸易、从事手工业等的各色人等成为罗马的新的国民。"他们是人身自由的人，可以占有地产，必须纳税和服兵役。可是他们不能担任任何官职；既不能参加库里亚大会，也不能参与征服得来的国有土地的分配。他们构成被剥夺了一切公权的平民"。并且他们不得参加氏族的祭祀，不得与贵族通婚，于是就形成了平民与贵族之间的激烈斗争。但是由于他们人数的不断增加并且受过军事训练并有武装，这样就产生了一种同但是根本禁止外人的旧体制相对抗的力量了。并且这些平民掌握了土地、商业和工业的财富，使其足以具备和罗马人民斗争的资本。"革命的原因在于平民和 populus 之间的斗争"。这最终导致了塞尔维乌斯·土利乌斯的改革。

"塞尔维乌斯·土利乌斯这位勒克斯依照希腊的榜样特别是梭伦的榜样制定的新制度，设立了新的人民大会；能参加或不得参加这个大会的，不分 populus 和平民，都依是否服兵役而定。凡是应服兵役的男子，都按其财产分为六个阶级。"前五个等级是有产者，"第六阶级为无产者，是由那些没有什么财产、不服兵役和不纳税的人构成的。"依据财产来划分等级的措施，打破了氏族的血缘纽带。

"公民以军队方式按连队来编组，每队 100 人，称百人团"，百人团按阶级组织，并有所有的财产决定，"第一阶级出 80 个百人团，第二阶级出 22 个，第三阶级出 20 个，第四阶级出 22 个，第五阶级出 30 个，而第六阶级，为了体面起见，也准出 1 个。此外，还有从最富裕的公民中征集的骑士所组成的 18 个百人团；一共有 193 个百人团；多数票为 97 票。但骑士和第一阶级合在一起就有 98 票，即占多数；只要他们意见一致，就可以不征询其余阶级的意见，决议也就有效了。"新的百人团人民大会取代了库里亚大会的一切政治权利，"这样一来，库里亚和构成它们的各氏族，像在雅典一样，就降为纯粹私人的和宗教的团体，并且作为这样的团体还苟延残喘了很久，而库里亚大会不久就完全消失了。"

原来的 3 个氏族部落划分为 4 个地区部落，各占罗马城的 1/4。这一举措消灭了氏族的差别和地区性差别，把外来人和市民凝结为一个民族。

恩格斯在谈到解体时期氏族制度的情况时说："使古代氏族制度终结的革命的原因在于平民和贵族的斗争"。"在罗马，氏族社会变成了封闭的贵族制、它的四周则是人数众多的、站在这一贵族制度之外的、没有权利只有义务的平民；平民的胜利炸毁了旧的血族制度，并在它的废墟上建立了国家，而氏族贵族和平民不久便完全融化在国家中了。"也就是说：处于氏族社会外的外在力量的平民，经过长期激烈的斗争，促使罗马的氏族制度崩溃瓦解。经过改革，以个人血缘关系为基础的古代社会制度就已经被破坏了，取而代之的是一个以地区划分和财产差别为基础的罗马国家。在激烈斗争中所增设的官职，发布的法令，反而使罗马共和国逐步趋于完善。虽然，相对雅典而言，罗马氏族社会的解体更多借助了外部力量，因而氏族社会的残余就不如雅典那样被消灭得干净彻底。

在《起源》中，恩格斯用较少的篇幅生动地向我们展现了克尔特人和日耳曼人的氏族的例子，证实了今天仍然在各种不同的蒙昧民族和野蛮民族中间以比较纯粹或比较模糊的形式存在着的氏族制度，或者亚洲的文化民族的古代历史上的氏族制度的痕迹。

"克尔特人的保存到今天的最古的法律，使我们看到了仍然充满着活力的氏族"。在法律的记述中，我们得知克尔特人的村落共同耕作，这是一种普遍流行的早期习俗的稀有残余。每个家庭有供自己耕作的 5 英亩土地，而另一块土地共同耕作，将收获物平均分配。这种农村的公社是一种氏族或者是一种氏族的分支。在婚姻形式上，直到 11 世纪，克尔特人停留在对偶婚制，没有实行专偶婚制。妇女的地位还处于比较高的时期。"在威尔士，婚姻只有满了七年之后才不能解除，或者更确切些说，才不能终止。甚至只差三夜就满七年，夫妻还是可以分离的。那时便要分家：由妻子来分，丈夫取他的一份。家具是按一定的非常有趣的规则来分的。如果是丈夫提出离婚的，那他必须把妻子的嫁妆和其他某些东西还给她；如果是妻子提出离婚的，那她便少得一点。如有三个子女，丈夫分两个，妻子分一个，即中间那一个。"甚至让现代人觉得有趣的是"妻子可据以要求离婚而且在分财产时自己的权利又不受损失的理由，范围非常广：只要丈夫口有臭气就够了。"妇女在人民大会上享有表决权。暂时性的婚姻非常流行，"在离婚时，妻子享有很大的明确规定的照顾，甚至对她的家务操持也要给以赔偿；在那里，还有"长妻"与其他诸妻并存的事，而在分配遗产时，婚生子女和非婚生子女没有任何差别"。女性的贞操往往不那么重要。在这里，女性的至高地位仿佛又回来了，对于一个在恺撒时代还过着群婚生活的民族来说，在 11 世纪的这种女性的崇高地位是不足为奇的。土地还是氏族的公共财产，如果因为某一氏族成员死亡而导致一户经济不再存在，氏族首领就要把全部土地在其他各户中间重新分配一次。

而"德意志人在民族大迁徙以前，曾组织成为氏族，这是没有疑问的。"他们按照血缘亲属关系分开居住。战斗队形也是按照氏族的组织来编的，舅父与外甥之间的血缘关系要比父子之间的血缘关系更神圣和亲密。"在德意志人中间，母权制已经让位给父权制了：父亲的遗产由子女继承；如果没有子女，就由兄弟及叔伯和舅父继承。"然而，父权制只是刚刚替代了母权制，允许母亲的兄弟参加继承的事实恰恰说明了这一点。此外，对女性的尊敬也说明母权制刚刚退去不久。在德意志人那里，缔结条约时，贵族家的少女往往是最可靠的人质，妻女是最能鼓舞德意志人战斗士气的人选，"他们认为妇女体现着某种神圣的和先知的东西，他们甚至在最重要的事情上也听取妇女的意见"。在很多重要事情上，妇女的意见往往被采纳，许多祭祀、先知和预言家都由妇女来担任。"婚姻的形式是逐渐接近专偶制的对偶制。这还不是严格的专偶制，因为还允许显要人物实行多妻制。少女的贞操，一般说来，是严格遵守的。"只有妻子的通奸才是离婚的理由。"从氏族制度中产生了把父亲或亲属的仇敌关系像友谊关系一样继承下来的义务；同样，也继承用以代替血族复仇的、为杀人或伤人赎罪的赔偿金。"这是起源于氏族制度的血族复仇的一种比较普遍和缓和的形式。

德意志人实行家庭公社的土地共同耕作制，土地归部落所有，分配给单个家庭并定期实行重新分配。"至于他们的经济单位是氏族，还是家庭公社，或者是介于两者之间的某种共产制亲属集团，或者所有三种集团依土地条件的不同都存在过"，这个没有确切的答案。德意志人在他们所占据的土地上以及在他们夺取来的土地上居住，这些居住区不是由村组成，而是由大家庭公社组成的。这种大家庭公社包括好几代人，耕种着相当的地带，并实行更换耕地的做法。"只是经过数世纪之后，当家庭成员的人数过多，以致在当时的生产条件下共同经营已经成为不可能的时候，这种家庭公社才解体"。以前公有的耕地和荒地，在单个农户间分配，这一分配起初是暂时的，后来便成为永久的。

由于实行了定居，生活资料的生产方面有了进步。"他们居住在木屋中，穿的还是很原始的森林居民的衣服：粗糙的羊毛外套，兽皮；妇女和显要人物则穿麻布内衣。食物为乳、肉、野生果实，以及像普林尼所补充的燕麦粥（直到今日，这还是爱尔兰和苏格兰的克尔特人的民族食物）。他们的财富是家畜，但是品种很差；牛矮小难看，没有角；马是小马，不善奔驰。钱币很少使用，数量有限，而且只是罗马钱币。他们不制造金银饰品，也不重视这些。铁是很少见的"，文字仅仅用作暗语文字，并且专供宗教巫术之用。

德意志的制度跟野蛮时代高级阶段相适应的，普遍存在氏族酋长议事会，议事会处理比较小的事情，比较重大的事情则由议事会交给人民大会解决。氏族酋长和军事首领也有显著的区别，氏族酋长已经开始依靠部落成员的献礼如家禽、谷物来生活。向父权制的过渡，促进了选举制逐渐变成世袭制，从而促进了每个氏族形成一个贵族家庭。而这些所谓的部落贵族，大多数在民族大迁徙中或迁徙之后就衰落了。军事首长是完全按才能选举出来的，他们的权力不大，军事首长必须身先士卒。军队实际的惩戒权掌握在祭司们手里。真正的权力集中在人民大会上。大会由王或者酋长主持，人民用怨声表示反对，喝彩、敲打武器表示赞成。人民大会担负审判职能，接收控诉并作出判决，德意志人的判决，无论何时何地都由全体作出。

部落联盟也已经组成了，有的联盟已经有了王，最高的军事首领也有开始图谋夺取专制权，氏族制度的枷锁开始被粉碎。被释放的奴隶不属于任何一个氏族，因此地位卑微。然而，他们却往往受到新王或者军事首长的青睐，在后来的国家中起到重要作用，新的贵族很大一部分是从这些人中产生的。

"有一种设施促进了王权的产生，这就是扈从队。"这是一种与氏族并行，独立自主的从事战争的私人团体。军事首领集结了一群掠夺成性的青年人，供养他们，并把他们编成等级，这些人对军事首领必须忠诚，在小规模的征战中，他们充当卫队和随时可以战斗的队伍，而比较大的战争，则需要他们组成现成的军官团。扈从队促进了王权的产生，并且通过不断的战争和掠夺，他们纠合在一起。成为古代人民自由走向衰落的开端。

德意志人国家的产生，是国家产生的第三种类型，它同雅典人、罗马人的国家的产生形成过程不同，是在氏族制度瓦解的时候，在被征服的外国领土上，由征服者和被征服者长期互相作用的结果。

德意志人是人口众多的民族，"在他们定居日耳曼尼亚以后，人口一定是日益迅速地增长的；单是上面提到的工业方面的进步，就足以证明这一点。在石勒苏益格沼地所发现的古物，就其中的罗马铸币来判断，是属于 3 世纪的。由此可见，到这个时候，在波罗的海沿岸金属业和纺织业已经很发达了，跟罗马帝国已有频繁的往来，比较有钱的人已享有某些奢侈品，——这一切都是人口更为稠密的迹象。而在这个时期，德意志人在莱茵河、罗马边墙和多瑙河全线，从北海起到黑海止，也开始了总进攻，——这也是人口日益增多，竭力向外扩张的直接证明。"人口的增长越来越需要新的生产资料，而战争就越来越被加紧利用。"斗争持续了300年，在斗争期间，哥特民族的整个大系统（斯堪的纳维亚的哥特人和勃艮第人除外）向东南推进，形成了漫长的进攻线的左翼；进攻线的中央是高地德意志人（赫米奥南人），沿多瑙河上游突进；右翼是易斯卡伏南人即现今所谓法兰克人，沿莱茵河突进；征服不列颠，则是印格伏南人的事情。"

德意志人与罗马人比较，显然是落后的，但在与罗马人的贸易中，德意志人的经济有了发展，人口也日益增长起来，大约在公元三世纪，德意志人开始向罗马全线进攻，一步步向罗马境内推进，形成了欧洲历史上著名的民族大迁徙。"到5世纪末，罗马帝国已是那么衰弱，毫无生气和束手无策，因而为德意志人的入侵敞开了大门。"

之前我们谈到的罗马，代表着当时最高的人类文明，但随着历史的发展，罗马内部一些问题却使它面临文明的棺木。"罗马的行政和罗马的法到处都摧毁了古代的血族团体，这样也就摧毁了地方的和民族的自主性的最后残余。新出炉的罗马公民身份并没有提供任何补偿；它并不表现任何民族性，它只是民族性欠缺的表现。"这种民族性的欠缺加速了各行省的分离，原本将广大领土上的广大人群联结在一起的罗马国家这条纽带，却随着时间的推移变成了广大人群最凶恶的敌人和压迫者。"罗马国家变成了一架庞大的复杂机器，专门用来榨取臣民的膏血。捐税、国家徭役和各种代役租使人民大众日益陷于穷困的深渊；地方官、收税官以及兵士的勒索，更使压迫加重到使人不能忍受的地步。"在这种情况下，罗马的世界霸权引起了尴尬的结果"它把自己的生存权建立在对内维持秩序对外防御野蛮人的基础上；然而它的秩序却比最坏的无秩序还要坏，它说是保护公民防御野蛮人的，而公民却把野蛮人奉为救星来祈望。"

罗马的农业生产方式也有了新的变化。"以奴隶劳动为基础的大庄园经济，已经不再有利可图；而在当时它却是大规模农业的唯一可能的形式。现在小规模经营又成了唯一有利的形式。田庄一个一个地分成了小块土地，分别租给缴纳一定款项的世袭佃农"。这些佃农也就是隶农，虽然不是奴隶，但也不是自由的。他们是中世纪农奴的前辈。

帝国繁荣的大规模农业生产和城市的工场手工业，都已经不能提供收益，而是渐渐收缩为小农业和小手工业，而这种小农业和小手工业不再需要大量的奴隶。奴隶制已不再有利了。"但是，日趋灭亡的奴隶制仍然能够使人认为，一切生产劳动都是奴隶的事，让自由的罗马人来做有失他们的身份"，不再有利并就要灭亡的奴隶制，和轻视自由人劳动使罗马世界陷入了困境，"奴隶制在经济上已经不可能了，而自由民的劳动却在道德上受鄙视。前者是已经不能再作为社会生产的基本形式，后者是还不能成为这种形式。只有一次彻底革命才能摆脱这种绝境。"

395 年，罗马分裂为东西两个帝国，面对德意志人的步步紧逼，已无抵抗之力，只好让他们以同盟者的身份进入罗马帝国境内并不断扩张。"各德意志民族做了罗马各行省的主人，就必须把所征服的地区组织管理起来。但是，它们既不能把大量的罗马人吸收到氏族团体里来，又不能通过氏族团体去统治他们。必须设置一种代替物来代替罗马国家，以领导起初大都还继续存在的罗马地方行政机关，而这种代替物只能是另一种国家。"氏族制度被迫转化为国家机关。原来的军事首领以及他的扈从队在征服过程中真正起到了作用，被征服地区的对内对外安全，要求增大军事首领的权力，于是，军事首领的权力变为王权的时机到了，并且也得以实现了。

德意志人最终消灭了罗马帝国的细节我们暂不谈论。但是究其原因，"只是他们的野蛮状态，他们的氏族制度而已。"氏族制度使德意志人拥有"个人才能和勇敢，他们的自由意识，以及把一切公共的事情看作是自己的事情的民主本能，总之，是罗马人所丧失的一切品质，而仅仅这些品质就能从罗马世界的污泥中造成新的国家，培养出新的民族"。德意志人没有把罗马社会拉回到野蛮时代，也没有重新建立罗马的奴隶制，而是建立了封建制的国家。

四、关于私有制、阶级和国家的思考

恩格斯在论述私有制、阶级和国家的起源时，坚持了从生产力发展演进来揭示社会现象产生这一历史唯物主义基本原则。也就是说，是生产力的发展促进了私有制的产生，导致阶级的分化和国家的产生。在恩格斯看来，氏族制度是伟大的，但是这伟大恰恰就是氏族的局限性，而这局限性就在于氏族没有统治和奴役存在的余地。为什么没有统治和奴役的余地反而成为了局限性？或者说难道统治和奴役代表了某种进步的力量？"这就使我们不能不对这种状态的经济基础加以研究了。"对经济状态的研究，事实上就是对生产力发展的研究，生产力发展最直接的表现，正是三次社会大分工。这三次大分工又与私有制、阶级和国家的产生有着密切的联系。

我们首先来看看生产力的发展与私有制的关系：

在蒙昧时代，社会生产力极端低下，人类生活方式一直以采集为主，只有靠集体的力量才能存活下来。"分工是纯粹自然产生的；它只存在于两性之间。"人类在这个阶段普遍实行共同劳动、集体生产、集体占有和分享劳动果实的原始共产家庭制，不会出现个人占有生产资料或生活资料的情况。这个时候人们还不知道私有制为何物。

然而，人类不能永远停留在蒙昧时代。野蛮时代低级阶段，采集开始向农业和原始畜牧业过渡，人类开始驯养动物，到后来开始繁殖和看管牲畜，"游牧部落从其余的野蛮人群中分离出来——这是第一次社会大分工。"游牧部落具备了数量更多的生活资料，由于有了更多的原料，纺织等手工业获得发展；经常性的交换开始成为可能，初期的交换还是部落间的交换。野蛮时代中级阶段，人类发明了青铜器，极大地改善了生产工具，提高了社会生产率。"一切部门——畜牧业、农业、家庭手工业——中生产的增加，使人的劳动力能够生产出超过维持劳动力所必需的产品。"这时的产品已经不是入不敷出了。虽然我们无处查证细节，但是，畜群开始从部落和氏族的共同占有变为各个家庭首长的财产。氏族贵族利用特权，化公为私，加速了私有制的形成和发展。随着剩余产品的增加，人们对财富的私人占有也逐渐盛行，并且由于在氏族中地位的不同，对剩余产品的占有也日益不均等起来。"各个家庭首长之间的财产差别，炸毁了各地迄今一直保存着的旧的共产制家庭公社；同时也炸毁了为这种公社而实行的土地的共同耕作。"劳动产品开始归家庭所有，私有制就是从这里萌发的。由于劳动生产率的提高，劳动力可以生产出超过其所需要的产品。战俘有了价值便不再杀死他们，而把他们变成了奴隶，从第一次社会大分工中，也就产生了第一次社会大分裂，分裂为两个阶级"主人和奴隶"，"剥削者和被剥削者"。

野蛮时代高级阶段，"一切文化民族都在这个时期经历了自己的英雄时代：铁剑时代，但同时也是铁犁和铁斧时代。"铁已在为人类服务，社会生产力得到进一步提高。财富在迅速增加，但是这已经是个人的财富了。农业不仅提供谷物、豆科植物和水果以外，还开始提供植物油和葡萄酒，而这些已经不再有一个人来进行了，这就发生了第二次大分工：农业和手工业分离了。耕地也有起初暂时归家庭使用，变为永久地分配给家庭，逐渐成为完全的私有财产。氏族内部出现的穷人也沦为奴隶。

进入文明时代出现第三次社会大分工，商业和产业开始分离，出现了商人阶级。由于此时交换不断扩大，贫富分化更加剧烈。奴隶的人数大大增加。奴隶的强制性劳动成了社会的基础，奴隶制生产方式的最后确立。从而，私有制最终取代原始氏族社会的公有制，成为文明社会的基础。私有制和奴隶制才算完全确立下来。

私人占有现象的出现使氏族成员在占有上的差别日益显露出来，主要表现在对商品、奴隶、货币及地产的占有上的不同。后来，"随着贸易的扩大，随着货币和货币高利贷、土地所有权和抵押的产生，财富便迅速地积聚和集中到一个人数很少的阶级手中，与此同时，大众日益贫困化，贫民的人数也日益增长"，氏族内部乃至整个社会由于财富的私人占有的作用，使得贫富两极分化现象加剧。氏族被分裂成两大对立的社会集团，两个对立的阶级：奴隶主阶级和奴隶阶级。"这种按照财富把自由民分成各个阶级的划分"，使"奴隶的强制性劳动构成了整个社会的上层建筑所赖以建立的基础"。从恩格斯的分析可以看出，私有制和阶级的产生完全是社会生产力发展的结果，是社会经济发展到一定阶段的必然产物。财富私人占有、劳动个体化和商品及其交换本身也是社会生产力发展的产物，它们之间是相互交织、相互渗透的。

阶级对立的产生也与代表生产力发展的三次社会分工有着内在的联系，我们回顾三次社会分工发展的过程，就能看到，每次分工发生的同时，都有新的阶级产生。

第一次社会大分工发生在野蛮时代的中级阶段，"游牧部落从其余的野蛮人群中分离出来——这是第一次社会大分工。"畜牧业成为一个主要的劳动部门。这次分工，使游牧部落生产的生活资料比其余野蛮人多，并且更多样化。"这就第一次使经常的交换成为可能。"最初的交换是偶然的行为，是一种例外的事件。但是，"自从游牧部落分离出来以后，我们就看到，各不同部落的成员之间进行交换以及它作为一种经常制度来发展和巩固的一切条件都具备了。"部落和部落之间开始通过各自的氏族酋长来进行交换。当畜群变成私有财产时，个人交换开始占优势。出于对财富的追逐，人们增强了对扩大畜群的努力。当畜群照管从公共劳动转变为家庭照管，畜群变成了一种私有财产。这时的战俘不再被杀死，而是让他们沦为奴隶，帮助照管畜群，以增加财产。"战争提供了新的劳动力：俘虏变成了奴隶。第一次社会大分工，在使劳动生产率提高，从而使财富增加并且使生产领域扩大的同时，在既定的总的历史条件下，必然地带来了奴隶制。从第一次社会大分工中，也就产生了第一次社会大分裂，分裂为两个阶级：主人和奴隶、剥削者和被剥削者。"第一次社会大分工促成的阶级独立产生了。

在野蛮时代的高级阶段，一切文化民族经历了自己的英雄时代，也就是"铁剑时代，但同时也是铁犁和铁斧的时代。铁已在为人类服务"。在这个阶段，第二次社会大分工发生了。由于铁器的使用，"更大面积的田野耕作，广阔的森林地区的开垦，成为可能；它给手工业工人提供了一种其坚硬和锐利非石头或当时所知道的其他金属所能抵挡的工具。"个人财富在迅速增加，"织布业、金属加工业以及其他一切彼此日益分离的手工业，显示出生产的日益多样化和生产技术的日益改进；农业现在除了提供谷物、豆科植物和水果以外，也提供植物油和葡萄酒，这些东西人们已经学会了制造。如此多样的活动，已经不能由同一个人来进行了；于是发生了第二次大分工：手工业和农业分离了。"随着第二次社会大分工的发生，出现了以直接交换为目的的生产，也就是我们现在所说的商品的生产。随之而来贸易也得到了发展，甚至开始了海外贸易。这些都加大了财产的差别。并由此形成了富人和穷人的差别。新的分工带来了新的阶级划分。随着对偶婚制向专偶制过渡，耕地永久地归各个家庭使用，开始向完全私有的财产过渡，个体家庭开始成为社会的经济单位。部落的联系更紧密，战争成为以掠夺为目的的经常性的行当。"整个氏族制度就转化为自己的对立物：它从一个自由处理自己事务的部落组织转变为掠夺和压迫邻近部落的组织，而它的各机关也相应地从人民意志的工具转变为独立的、压迫和统治自己人民的机关了。"

这就是第二次社会大分工所带来的新的阶级对立，并由此带来的制度上经济上的一系列连锁反应。

文明时代在巩固了并加强了以往的各次分工后，加上了"第三次的、它所特有的、有决定意义的重要分工：它创造了一个不再从事生产而只从事产品交换的阶级——商人。"随着第三次社会大分工，商人作为新的阶级首次出现。这个新的阶级"根本不参与生产，但完全夺取了生产的领导权，并在经济上使生产者服从自己；它成了每两个生产者之间的不可缺少的中间人，并对他们双方都进行剥削。"随着商人出现的，还有金属货币。这被称为"商品的商品"的金属货币更方便了商品的生产和交换的进一步发展。同时，出现了货币借贷、高利贷和利息。这些商人进行剥削的手段将穷人和富人划分的更加明显。除了商品、奴隶、货币财富以外，地产也成为财富，并开始进行买卖。越来越多的财产在越来越少的人手中聚集，新的贵族取代了旧的贵族，大众日益贫困化，一些原本的自由人也沦落为奴隶。奴隶的人数大大增加了。"奴隶的强制性劳动构成了整个社会的上层建筑所赖以建立的基础。"原始的共产制被替代了。人类历史上第一个阶级对立的时代来临了，奴隶制最终确立。

可以说，经过三次社会大分工，社会的经济基础和上层建筑都发生了巨大的本质的变化，氏族制度走向了它的终结，人类历史上的阶级对立拉开了帷幕。

社会大分工是生产力进步的必然表现，由此产生的私有制和商品经济也是经济发展的必然要求。当私有制和商品经济使社会分化为阶级社会，氏族制度也就不再适应社会的需要了。"氏族制度的前提，是一个氏族或部落的成员共同生活在纯粹由他们居住的同一地区中。这种情况早已不存在了。"随着生产的发展，交换日益频繁，人们再也不需要捆绑在固定的地区了。"居住地受商业活动、职业变换和土地所有权转让的影响而变动不定，所以时常遭到破坏"，杂居的现象更加严重，氏族成员再也不能集会来处理自己的共同事务。生产方式的变革意味着人们谋生方式的变化，而谋生方式的变化最先导致了家庭关系的变化，并最终影响了社会结构，这些变化都产生了新的需要和利益，而这些新的需要和利益破坏了旧有的氏族制度。

每次分工都产生了新的阶级。第一次社会大分工后，畜牧业得到发展，分化出游牧集团；第二次社会大分工，导致了农工业和手工业的分离，产生了手工业集团；第三次社会大分工，诞生了商人这一群体。这些新的群体都要求有新的机构以适应他们特殊的需要。新的机构冲击了氏族制度，并且形成了一种力量。这种力量凝结了人们对于财富的欲望，而在没有任何内部对立的社会中生长出来的氏族，只能适合最初的对财富无欲无求的社会。氏族缺乏有效地管理手段，除了最初的舆论以为，没有任何强制手段。由于他的经济条件，氏族社会分裂为自由民和奴隶，进行剥削的富人和被剥削的穷人，这种对立随着经济的发展而变得更加难以调和。

源自于经济发展而产生的矛盾，也只有在经济领域调整才能得到真正解决。既然氏族已经与发展了的社会状况不相适应，甚至使对立日益尖锐，就需要一种第三方力量来进行管理。"这第三种力量似乎站在相互斗争着的各阶级之上，压制它们的公开的冲突，顶多容许阶级斗争在经济领域内以所谓合法形式决出结果来。氏族制度已经过时了。它被分工及其后果即社会之分裂为阶级所炸毁。它被国家代替了"。

由此可见，国家是从氏族社会内部发展起来的阶级对立中产生的，而这种对立归根到底源自于生产力的发展。"国家是社会在一定发展阶段上的产物；国家是承认这个社会陷入了不可解决的自我矛盾，分裂为不可调和的对立面而又无力摆脱这些对立面。而为了使这些对立面，这些经济利益互相冲突的阶级，不致在无谓的斗争中把自己和社会消灭，就需要有一种表面上凌驾于社会之上的力量，这种力量应当缓和冲突，把冲突保持在"秩序"的范围以内；这种从社会中产生但又自居于社会之上并且日益同社会相异化的力量，就是国家。"

无论是私有制还是阶级，乃至于国家，归根结底，都是生产力发展的产物。随着生产力的发展，原有的平等和共同制度被人们对财富的追逐所打破，不平等和私有开始伴随人类进入到文明时代。然而，这种不平等和私有以及所带来的一切社会上的变化会不会有根本性的更改，人类是否永远无法回到最初的平等的生活？在摩尔根的《古代社会》中，他这样回答我们："社会的瓦解，即将成为以财富为唯一的最终目的的那个历程的终结，因为这一历程包含着自我消灭的因素。管理上的民主，社会中的博爱，权利的平等，普及的教育，将揭开社会的下一个更高的阶段，经验、理智和科学正在不断向这个阶段努力。这将是古代氏族的自由、平等和博爱的复活，但却是在更高级形式上的复活。"

第七节　理论总结

在第九章，恩格斯阐述了关于社会大分工的理论和国家理论。

"氏族在蒙昧时代中级阶段发生，在高级阶段继续发展起来，就我们现有的资料来判断，到了野蛮时代低级阶段，它便达到了全盛时代。"对那个时期的氏族进行考察，不能不对这种状态的经济基础加以研究。

那是时期的人口是极其稀少的，只有在居住地才比较稠密。居住地附近有广大的狩猎地带，并且有一片把这个部落和其他部落隔离开来的防护森林。两性之间开始了纯粹的自认分工。"男子作战、打猎、捕鱼，获取食物的原料，并制作为此所必需的工具。妇女管家，制备衣食——做饭、纺织、缝纫。男女分别是自己活动领域的主人：男子是森林中的主人，妇女是家里的主人。男女分别是自己所制造的和所使用的工具的所有者：男子是武器、渔猎用具的所有者，妇女是家内用具的所有者。"那个时期的家户经济是共产制的，也只有在这个时期才存在真正的"自己劳动所得的财产"。

然而，随着社会的进步，人的劳动开始发生了变化。"在亚洲，他们发现了可以驯服和在驯服后可以繁殖的动物。"在有些最先进的部落，主要的劳动部门起初就是驯养牲畜，后来才有繁殖和看管牲畜。"游牧部落从其余的野蛮人群中分离出来——这是第一次社会大分工。"游牧部落生产的生活资料比其余的野蛮人多，种类也不尽相同。这就第一次使经常地交换成为可能。在更早的阶段，只有偶然的交换，也只有一些特殊技能才能导致暂时的分工。游牧部落的分离，"各不同部落的成员之间进行交换以及它作为一种经常制度来发展和巩固的一切条件都具备了。"最初的部落和部落之间的交换是由各自氏族的酋长来进行的，但是，随着私有财产出现，个人交换逐渐占有优势，并最终成为交换的唯一形式。由于游牧部落交换的主要物品是牲畜，"牲畜变成了一切商品都用它来估价并且到处乐于同它交换的商品———一句话，牲畜获得了货币的职能，在这个阶段上就已经起货币作用了。"

在有的地区，由于气候条件没有饲料可以储备，游牧生活是不可能的。"因此，牧草栽培和谷物种植，在这里就成了必要条件。"为了给家畜提供饲料而进行种植的谷物，成为了人类的食物。这就强化了耕地的重要性。"耕地仍然是部落的财产，最初是交给氏族使用，后来由氏族交给家庭公社使用，最后交给个人使用；他们对耕地或许有一定的占有权，但是没有更多的权利。"

在这个阶段，工业也取得了重要的成就，织布机被发明；人类掌握了矿石冶炼和金属的加工技术。青铜是当时最重要的金属，冶铁的技术还没有被发明，石器也没有被替代。但是金和银开始用作首饰和装饰，体现了它的高价值。

无论是畜牧业、手工业还是农业，都生产出越来越多的劳动产品，人的劳动能力能够生产出剩余的产品。同时，劳动成员的工作量也大大增加，这就使增加劳动力成为人们要解决的重要问题。"战争提供了新的劳动力：俘虏变成了奴隶。第一次社会大分工，在使劳动生产率提高，从而使财富增加并且使生产领域扩大的同时，在既定的总的历史条件下，必然地带来了奴隶制。从第一次社会大分工中，也就产生了第一次社会大分裂，分裂为两个阶级：奴隶主和奴隶、剥削者和被剥削者。"

"随着畜群和其他新的财富的出现，便发生了对家庭的革命。"男子担负着谋取生活资料和生产工具的任务，这些生活资料和生产工具也是男子的财产。畜群已经是新的谋取生活资料的工具，男子负责驯养和照管牲畜，因此，牲畜属于男子。用牲畜交换来的奴隶和商品也就属于男子。女子只能享用它们，但是在财产上是不能占有的。家庭内部的分工改变了男女的财产分配，甚至颠覆了以往的家庭关系，家庭以外的分工也发生了变化，女子以外的从事家务劳动与男子担负的谋取生活资料的劳动比起来显得相形见绌。"只要妇女仍然被排除于社会的生产劳动之外而只限于从事家庭的私人劳动，那么妇女的解放，妇女同男子的平等，现在和将来都是不可能的。妇女的解放，只有在妇女可以大量地、社会规模地参加生产，而家务劳动只占她们极少的工夫的时候，才有可能。"

男子在家中实际的统治地位的确立，炸毁了男子独裁的最后障碍。母权制被父权制替代，对偶婚制逐步过渡到专偶制，并且永久的成为了专偶制，这些都进一步促成了男子的独裁。"在古代的氏族制度中就出现了一个裂口：个体家庭已经成为一种力量，并且以威胁的姿态起来与氏族对抗了。"

在野蛮时代的高级阶段，铁已经在为人类服务。"它是在历史上起过革命作用的各种原料中最后的和最重要的一种原料。所谓最后的，是指直到马铃薯的出现为止。铁使更大面积的田野耕作，广阔的森林地区的开垦，成为可能；它给手工业工人提供了一种其坚硬和锐利非石头或当时所知道的其他金属所能抵挡的工具。"工具的改善，大大增强了人们改造自然的能力，从自然中获得的财富已不单单只是满足人们起码的生存需要。"财富在迅速增加，但这是个人的财富；织布业、金属加工业以及其他一切彼此日益分离的手工业，显示出生产的日益多样化和生产技术的日益改进；农业现在除了提供谷物、豆科植物和水果以外，也提供植物油和葡萄酒，这些东西人们已经学会了制造。如此多样的活动，已经不能由同一个人来进行了；于是发生了第二次大分工：手工业和农业分离了。"

第二次分工的出现，使人们开始为了交换而进行生产，此时的生产，不再是生产生活物品，而是商品生产了。有了商品，自然就要有贸易。现在的贸易已经不再存在于部落内部或者部落边境之间，海外贸易也开始了。贵金属作为交换等价物的优势开始体现，成为占优势的和普遍性的货币商品，只不过这时还没有铸造成现代的货币，只是不做加工，按照重量来进行交换。

作为重要生产资料的耕地，由最初只是暂时的，变成永久地分配给各个家庭使用了。逐渐向完全的私有财产过渡，与此同时，对偶婚制转向了专偶制，个体家庭开始成为社会的经济单位了。而这些家庭的财产是有差别的，除了自由民和奴隶的差别之外，出现了富人和穷人的差别。随着第二次分工，社会又有了新的阶级的划分。

生产的发展也加强了人们的联系，住得日益稠密的居民，对内对外都需要更紧密的团结起来。"分开的各个部落领土融合为一个民族［Volk］的整个领土，也成为必要的了。民族的军事首长——勒克斯，巴赛勒斯，狄乌丹斯，——成了不可缺少的常设的公职人员。还不存在人民大会的地方，也出现了人民大会。军事首长、议事会和人民大会构成了继续发展为军事民主制的氏族社会的各机关。"邻人的富裕刺激着其他各民族的贪欲，为了获取财富，战争已经成为一种经常性行为。因为战争以及进行战争的组织已经成为了民族生活的常态，相应的一系列变化发生了。新的设防的城市的周围屹立着高峻的墙壁，军事首长的权利也在大大增强。从父权制实行以来，军事首长逐渐转变为世袭制。"世袭王权和世袭贵族的基础奠定下来了。于是，氏族制度的机关就逐渐挣脱了自己在民族中，在氏族、胞族和部落中的根子，而整个氏族制度就转化为自己的对立物：它从一个自由处理自己事务的部落组织转变为掠夺和压迫邻近部落的组织，而它的各机关也相应地从人民意志的工具转变为独立的、压迫和统治自己人民的机关了。"

归其根源，正是对财富的贪欲把氏族成员分裂成为穷人和富人，原有的氏族内部的一致利益变成了氏族成员之间的对抗，甚至身份的差别使人们厌弃劳动而崇尚掠夺。

在这种异化了的发展中，人类迈进文明时代的门槛。分工有了新的发展。如果说，"在野蛮时代低级阶段，人们只是直接为了自身的消费而生产；间或发生的交换行为也是个别的，只限于偶然的剩余物。在野蛮时代中级阶段，我们看到游牧民族已经有牲畜作为财产，这种财产，到了畜群具有相当规模的时候，就可以经常提供超出自身消费的若干余剩；同时，我们也看到了游牧民族和没有畜群的落后部落之间的分工，从而看到了两个并存的不同的生产阶段，也就是看到了进行经常交换的条件。在野蛮时代高级阶段，进一步又发生了农业和手工业之间的分工，于是劳动产品中日益增加的一部分是直接为了交换而生产的，这就把单个生产者之间的交换提升为社会的生活必需。"那么，文明时代不仅巩固并加强了所有已经发生的历次分工，它还加上了第三次，特有的，又决定意义的重要分工："它创造了一个不再从事生产而只从事产品交换的阶级——商人。"

商人的出现，直接导致出现了一个新的阶级。商人阶级不参与生产，但是却对生产有着重大的影响甚至支配作用。商人横在两个生产者之间，使其在经济上服从自己，并对两个生产者都进行盘剥。随着商人阶级的出现，金属货币出现了。金属货币是商品的商品，以隐蔽的方式包含着其他一切商品。随之而来的，"在使用货币购买商品之后，出现了货币借贷，随着货币借贷出现了利息和高利贷。"氏族原有的公共的小块的土地已经归各个家庭所有，这意味着新的土地所有权不归他们所有。只要土地还是氏族的财产，他们就无法自由地完全地拥有土地、甚至出卖土地。"当新的土地占有者彻底摆脱了氏族和部落的最高所有权这一桎梏的时候，他也就挣断了迄今把他同土地密不可分地连在一起的纽带。"土地可以作为商品来出卖和抵押了。

贸易的扩大，货币和高利贷、土地所有权和抵押的产生，都使财富迅速积累和集中到少数人手中。而更大多数的人日益贫困，人们被按照财富的多少划分为各个阶级。这时的氏族，已经没有以往的生机了。氏族和部落到处杂居在一起，打破了氏族制度的前提，也就是氏族或部落成员共同生活在纯粹由他们居住的同一地区。氏族成员不再依靠集会来处理自己的共同事务了，谋生方式的改变以及相应的社会机构也发生了变化，这些都引起了新的需要和利益。而这些新的需要和利益要求形成新的组织。这种组织包含了属于极不相同的氏族、胞族和部落的人们，甚至还包括外地人。因此，它与氏族并列形成，却又与氏族对立。同一氏族的人也不再平等，开始有了穷人和富人、高利贷者和债务人的划分，并且他们彼此之间冲突尖锐。氏族已经不能调节这些矛盾，社会需要一个第三方来解决压制各方的冲突。"氏族制度已经过时了。它被分工及其后果即社会之分裂为阶级所炸毁。它被国家代替了。"

在三次社会大分工的过程中，社会的基本形式和构成社会的基本单位发生了改变，随着生产力的发展，相应的社会关系也发生了变化。国家就是在这样的过程中产生的。"国家是社会在一定发展阶段上的产物；国家是承认：这个社会陷入了不可解决的自我矛盾，分裂为不可调和的对立面而又无力摆脱这些对立面。而为了使这些对立面，这些经济利益互相冲突的阶级，不致在无谓的斗争中把自己和社会消灭，就需要有一种表面上凌驾于社会之上的力量，这种力量应当缓和冲突，把冲突保持在'秩序'的范围以内；这种从社会中产生但又自居于社会之上并且日益同社会相异化的力量，就是国家。"

我们来看看国家和氏族组织究竟有哪些不同：首先，国家按照地区来划分它的国民。单纯的依靠血缘关系而形成和联结起来的氏族公社已经给人们的生活带来了束缚，随着人们流动性的增强，这种束缚被打破了。允许公民在他们居住的地区来实现他们的公共权力和义务，不管他们是哪一个氏族或者部落的，这种按照居住地组织国民的办法是一切国家共同的。

其次，国家和氏族组织的公共权力设立是不同的，"这种公共权力已经不再直接就是自己组织为武装力量的居民了。这个特殊的公共权力之所以需要，是因为自从社会分裂为阶级以后，居民的自动的武装组织已经成为不可能了。"为了控制公民使之服从，公共权力在每个国家都存在。"构成这种权力的，不仅有武装的人，而且还有物质的附属物，如监狱和各种强制设施，这些东西都是以前的氏族社会所没有的。"最开始，这种公共权力的能量很小，"但是，随着国内阶级对立的尖锐化，随着彼此相邻的各国的扩大和它们人口的增加，公共权力就日益加强。"设立了公共权力，必然要维持它，而维持的费用，就是我们现在非常熟悉的"捐税"。"随着文明时代的向前进展，甚至捐税也不够了；国家就发行期票，借债，即发行公债。"国家的官吏掌控者公共权力和征税的权力，使他们享有了特殊神圣和不可侵犯的地位。并且似乎比氏族社会的机构要权威得多。但是，和氏族制度中的酋长所享有的人们自发给予的尊重相比，官吏始终处于社会之上。让人们惧怕多于尊重而已。

国家是作为第三方控制矛盾的债权人和债务人的角色出现的，也就是说，"国家是从控制阶级对立的需要中产生的，由于它同时又是在这些阶级的冲突中产生的，所以，它照例是最强大的、在经济上占统治地位的阶级的国家，这个阶级借助于国家而在政治上也成为占统治地位的阶级，因而获得了镇压和剥削被压迫阶级的新手段。"历史上的大多数国家，公民的权利是按照财产的多少来分级规定的。财富间接地可靠地运用它的权力，或者直接收买官吏，或者是政府和交易所结成联盟。充分利用财产来实现自己的权利。而普选制只不过是有产阶级实现自身统治的幌子而已。"所以，国家并不是从来就有的。曾经有过不需要国家、而且根本不知国家和国家权力为何物的社会。在经济发展到一定阶段而必然使社会分裂为阶级时，国家就由于这种分裂而成为必要了。现在我们正在以迅速的步伐走向这样的生产发展阶段，在这个阶段上，这些阶级的存在不仅不再必要，而且成了生产的真正障碍。阶级不可避免地要消失，正如它们从前不可避免地产生一样。随着阶级的消失，国家也不可避免地要消失。在生产者自由平等的联合体的基础上按新方式来组织生产的社会，将把全部国家机器放到它应该去的地方，即放到古物陈列馆去，同纺车和青铜斧陈列在一起。"

那么，随着生产力的发展，随着分工的发展，我们所进入的文明时代究竟是什么样呢？"文明时代是社会发展的这样一个阶段，在这个阶段上，分工，由分工而产生的个人之间的交换，以及把这两者结合起来的商品生产，得到了充分的发展，完全改变了先前的整个社会。"

人们的生产不再从本质上是共同生产，分工渐渐侵入到生产的过程中来。分工破坏了生产好占有的共同性，人和人之间的交换是必须的了。产品成为商品，并且商品的生产逐渐成为了统治的形式。人们不再为了自己的需求而生产，生产的目的就是为了易手。这样的生产目的就有了很大的不确定性。并且，随着货币以及随货币而来的商人的出现，并插入到生产中去的时候，交换过程变得更加复杂，产品的最终命运也变得更加不确定了。"产品和生产都任凭偶然性来摆布了。"

"文明时代所由以开始的商品生产阶段，在经济上有下列特征：（1）出现了金属货币，从而出现了货币资本、利息和高利贷；（2）出现了作为生产者之间的中间阶级的商人；（3）出现了土地私有制和抵押；（4）出现了作为占统治地位的生产形式的奴隶劳动。与文明时代相适应并随着它而彻底确立了自己的统治地位的家庭形式是专偶制、男子对妇女的统治，以及作为社会经济单位的个体家庭。"

在文明时代的经济发展中，同时获得充分发展的还有奴隶制，从而发生了社会分成剥削阶级和被剥削阶级的第一次大分裂。并且这种分裂伴随着整个文明时代。这是在古代氏族社会完全没有发生的。财富成为了文明时代唯一的、具有决定作用的目的。文明时代的基础就在于一个阶级对另一个阶级的剥削，"它几乎把一切权利赋予一个阶级，另方面却几乎把一切义务推给另一个阶级。"

这些都是财富所带来的影响，"人类的智慧在自己的创造物面前感到迷惘而不知所措了。"

第三章 《家庭、私有制和国家的起源》的当代价值

恩格斯的《起源》依据大量史料，运用辩证唯物主义与历史唯物主义的观点，对家庭、私有制、国家等重要社会因素和社会发展进程进行了科学的考察，揭示了人类社会的一般发展规律，蕴含深刻的社会发展思想。它是继《共产党宣言》之后再一次科学说明了"资本主义必然灭亡，共产主义必然胜利"的客观规律的一部光辉著作。恩格斯在谈到《起源》的重大意义时曾经说过："我想，这篇东西对于我们共同的观点，将有特殊的重要性。"事实证明，《起源》这部著作对于丰富马克思主义唯物史观的理论基础，科学指导无产阶级进行社会主义运动发挥了极其重要的作用。今天，和平与发展已成为时代的主题，在知识经济的时代背景下，重新深入研究和总结这部著作所蕴含的社会发展思想，对于我们确立共产主义的世界观、坚定共产主义信念、坚持走社会主义道路，掌握研究社会发展的科学方向和方法以及深入贯彻落实科学发展观，全面加速社会科学发展仍然具有深刻的启示作用。

第一节 有利于我们正确认识和看待资本主义

在《起源》的结尾部分恩格斯摘引摩尔根在《古代社会》一书中对文明时代的评价和对未来社会的畅想为结语："……管理上的民主，社会中的博爱，权利的平等，普及的教育，将揭开社会的下一个更高的阶段，经验、理智和科学正在不断向这个阶段努力，这将是古代氏族的自由、平等和博爱的复活，但却是在更高形式上的复活。"恩格斯和摩尔根对未来社会发展趋势的预测是一致的，那就是人类社会必将会走向共产主义。纵观《起源》全书，恩格斯对人类社会产生和发展的总体历史进程进行了科学的考察，揭示了"资本主义必然灭亡，共产主义必然胜利"的社会发展规律，这对于我们坚定共产主义信念，树立为共产主义奋斗终身的世界观有极其重大的意义。

在我们国家，坚定共产主义信念、树立共产主义的世界观之所以重要，是因为我们是社会主义国家，中华民族的发展需要人们形成恒定统一的、与时代发展相符合的共产主义世界观，这样才能形成统一的力量，为推动社会主义现代化政治、经济、文化的健康发展提供源源不断的动力。然而最近几十年来，随着当代资本主义国家三次科技革命的到来促进了其生产力的飞速发展，使其生产社会化的程度已达到了相当高的水平。特别是一些西方发达资本主义国家在世界经济、政治方面占据主流地位，盛气凌人。相比较之下，许多社会主义国家生产力水平普遍不高，科学社会主义运动又暂时处于低潮状态，加上一些别有用心的人企图诋毁马克思主义的指导作用，大肆宣传社会主义不如资本主义，不承认社会主义道路的优越性，使一些群众萌生了马克思主义已经过时的思想，甚至对社会主义道路和共产主义理想产生了怀疑。面对这些情况，需要我们对社会主义与资本主义的发展进程以及社会主义与资本主义国家的本质有理智而清醒的认识。

首先，我们要正确地认识资本主义社会的历史作用。恩格斯在《起源》中对马克思主义国家问题的突出贡献主要是他论证了在阶级社会产生之前，曾经存在既没有私有制也没有阶级和国家的原始公有制关系的漫长发展过程。由于这个发现，有力地打击了关于"资本主义国家是永恒的，私有制、阶级等资本主义社会因素自人类出生以来就有"的谬论，揭示了资本主义社会的历史过渡性。恩格斯依据历史进程的考察说明了"国家是社会发展到一定阶段上的产物，是历史发展的必然结果……不可避免地要消失。"恩格斯关于国家问题的这个观点启示我们一切国家，无论是资本主义国家还是社会主义国家都是一个历史范畴，是社会发展到一定阶段上的产物，是在一定阶段上产生又在一定发展阶段上必然会灭亡的，是历史发展到更高级形态的过渡阶段的产物。恩格斯在1886年写作《路德维希·费尔巴哈和德国古典哲学的终结》时也指出"一切依次更替的历史状态都是人类社会由低级到高级的无穷发展进程中的暂时阶段，每一阶段都是必然的。因此，对它发生的那个时代和那些条件说来，都有它存在的理由。"马克思主义唯物史观认为人类社会是从低级形态向高级形态发展的一个自然历史过程。因此，资本主义社会作为人类社会发展进程中的过渡形态，其在一定时期内的经济高度繁荣的发展情况不能否定其走向衰败的历史总趋势，所以我们要以这个角度为出发点，站在辩证唯物主义与历史唯物主义的立场上，科学辩证地看待资本主义国家的发展景况和发展规律。因此，我们不能带有阶级感情色彩，一味埋头于宣传"资本主义必然灭亡，社会主义必然胜利"的口号中，拒绝接受和吸取资本主义的文明成果和科学发展经验，而是应该坚持解放思想，坚持实事求是的科学原则，正视当代资本主义的发展，科学评价资本主义社会。不可否认资本主义社会生产力的高度发展促进了人类社会整体性发展的巨大进步，既然资本主义社会是人类社会从低级形态到高级形态发展中必然会经历的一种暂时的、过渡的历史阶段，因此资本主义社会有其存在的合理性和必然性。虽然资本主义的发展不能改变它的阶级性质，但是资本主义社会的向前发展是人类通往理想的共产主义社会所必须经历的发展阶段。从历史唯物主义的角度来看，资本主义社会的经济高度发展为未来更高级的社会形态即共产主义社会的到来奠定了坚实的基础，从这一点上来说，高度发展的资本主义社会的历史作用是巨大的、功不可没的。也正是基于此，我们不应该完全否定资本主义社会的发展。马克思、恩格斯在《共产党宣言》中这样写道："过去哪一个世纪料想到在社会劳动里蕴藏有这样的生产力呢？"资本主义发展到现在这样的高度，也许也是马克思、恩格斯在当时所预想不到的。虽然资本主义发展到今天已经取得了相当大的成就，但是当代资本主义对生产力的促进作用还有很大的发挥空间，资本主义还有发挥它的进步性的余地。这是因为尽管资本主义的固有矛盾导致周期性的经济危机频繁爆发，但是资产阶级为了维护它的统治地位、维持社会的稳定，一方面在一定时期内通过积极学习借鉴社会主义国家中对资本主义发展有益的东西进行了补充；另一方面，资本主义国家通过改善工人的工作环境、增加社会福利以及在生产管理上对无产阶级采取比较人性化的管理方式等各种措施来缓和劳资矛盾；当代资本主义在经济的国家化、资本的社会化、管理的人性化、生产的跨国化、生活的协调化等方面，都达到了相当的程度，并且当今世界资本主义的发展程度不仅局限于生产力方面，它在政治、法治、文化、科技等各方面都有长足的表现，呈现出强劲的发展趋势，不承认这点必然会导向历史的虚无主义。

其次，要正确地认识资本主义发展的历史趋势和规律。虽然资本主义社会得到了长足的发展，但这不代表说承认"新科技挽救了资本主义""资本主义对生产关系的调整延缓了资本主义的灭亡"等谬论的正确性，以上情况的分析旨在要我们反思过去对资本主义的错误认识。以往我们总认为资本主义经济危机频繁爆发的现象说明资本主义已经走向腐朽、衰败，很快就会被社会主义所替代的地步，这种片面性的说法显然是不符合实际的错误性认识。辩证的唯物主义历史观认为，任何事物都要经历发生、发展、高潮、灭亡的发展阶段，马克思认为："无论哪一个社会形态，在它所能容纳的全部生产力发挥出来以前，是决不会灭亡的。"我们从资本主义的发展景况中应该认识到当代资本主义对生产力的促进作用还有很大的发挥空间，资本主义还存有余地发挥它的进步性，我们距离资本主义被社会主义代替的那个时候还相距甚远，并且资本主义社会被社会主义社会代替的过程是长期的、曲折的和复杂的。

第二节 坚定走中国特色社会主义道路的信心

在恩格斯晚年写作《家庭、私有制和国家的起源》的时候，虽然资本主义社会的发展出现了一些他所始料不及的发展前景，并且呈现出继续发展的欣欣向荣的景象，但是恩格斯依据科学的历史分析和考察并没有否定他和马克思早年断定的"资本主义必然灭亡，共产主义必然会胜利"的结论。他在《家庭、私有制和国家的起源》中通过对历史的进一步科学考察最终也得出了同样的结论，并且认为资本主义当时的这种发展景况正是客观规律的表现形式。恩格斯的这些深邃思想启示我们要时刻坚定共产主义信念，既要充分认识到社会主义代替资本主义是不以人的意志而转移的社会发展的客观规律，又要科学地预见到社会主义取代资本主义的长期性、曲折性与复杂性。

"资本主义必然灭亡，共产主义必然胜利"并非是一句口号，这一结论基于马克思主义的国家理论。恩格斯在《起源》中系统地揭示出了国家的本质："国家是阶级矛盾不可调和的产物，是经济上占统治地位的阶级用来镇压和剥削被压迫阶级的工具。"这就明确地告诉我们，任何国家都是实际掌握生产资料的阶级维护阶级统治地位的工具，国家具有具体的阶级属性，这是关于国家本质的一般概括。但是，还并不等同于说社会主义国家与资本主义国家在实质上是完全相同的。资本主义国家是占人口少数的资产阶级为了统治和管理占人口绝大多数的全体社会成员、凌驾于全社会之上的、与人民大众相分离的权力机关。它实质上维护的是以私有制和雇佣劳动为基础的资产阶级的统治，当代资本主义国家无论发展到何种发达的地步其阶级实质是不会改变的，它自始至终都是资产阶级利益的代表。而社会主义国家则是完全不同于资本主义国家的一种国家类型，它具有国家本质的一般特征，也是阶级统治的工具，但它与资本主义国家的少数统治者压迫和剥削占人口绝大多数的被统治阶级不同，它维护的是占人口绝大多数的人民群众的根本利益，对人民群众实行高度的民主，对少数剥削阶级和各种敌对阶级则进行打击和镇压。因此，社会主义国家的国家意志与人民群众的意志是一致的，它不是与人民大众相分离的权力机关、与社会相异化的力量，而是代表无产阶级和人民大众为社会服务的公共权力。

我们要坚定共产主义必胜的信念，这是因为共产主义是人类社会发展的最终方向，社会主义是共产主义的低级阶段。中国社会主义革命和建设的实践正是马克思主义国家理论的具体体现。我们国家在 1956 年底完成了三大改造，确立了社会主义制度。我国走的是具有中国特色的社会主义道路，其社会制度的性质是社会主义的，它的形式则是具有中国特色的，这种选择是被实践证明了的当代中国发展唯一正确的道路，是能够促进社会健康、快速发展，符合我国基本国情并且得到人民群众充分支持与拥护的正确道路。中国特色社会主义道路不是个别领导人感性认识的产物，是以马列主义为指导，依据我国具体国情和对时代的科学把握，吸取国内外建设社会主义的经验与教训、反复试验与抉择的产物。但这并不是说中国特色社会主义道路是一种一劳永逸的、既定的发展模式，过去我们曾经因为这样的误解认为社会主义社会是一成不变的东西，照搬苏联的发展模式走了弯路，付出了惨痛的代价；现在我们必须清醒地认识到中国特色社会主义道路具体怎么走是在社会发展进程中依据国内外的具体形势新变化，根据不同的发展条件，坚持改革与创新，不断完善和生成的过程。这要求我们在科学分析本国国情的基础上运用科学社会主义的原理，研究新情况、分析新问题，制定正确的、与时俱进的发展战略和方针政策。同时，要坚持贯彻邓小平提出的对外开放政策，"大胆吸收和借鉴人类社会创造的一切文明成果，吸收和借鉴当今世界各国包括资本主义发达国家的一切反映现代社会化生产规律的先进经营方式，管理方法。"在前进中不断完善中国特色社会主义道路，逐步实现工业、农业、国防和科技的现代化，把我国建设成为高度文明、民主的社会主义国家，使社会主义的优越性充分发掘出来。

"神奇的预言只是神话，科学的预言却是事实。"马克思、恩格斯为我们展示了未来社会发展的宏伟蓝图，应该说前途是光明的，道路是漫长而曲折的。人类进步的潮流是不可阻挡的，这是历史发展的必然趋势。但是共产主义社会是不会自行来到的，需要全世界无产阶级和人民群众在科学社会主义的旗帜下汇集起来和资本主义展开共同的斗争。对于我国而言，我们要坚定共产主义信念，坚持走中国特色的社会主义道路，在实践中促进社会主义经济、政治、科技文化等方面的长足发展，为共产主义的最终实现打下坚实的基础。

第三节 为全面推进经济社会的科学发展提供有益的启示

科学发展观是以胡锦涛为总书记的党的领导集体依据中国现阶段的基本国情，适应新时代的发展要求创造性的提出来的。它是新时期继续全面建设小康社会，发展中国特色社会主义的依据。所谓科学发展观，指的是"坚持以人为本，树立全面、协调、可持续的发展观，促进经济社会和人的全面发展。"科学发展观集中体现了我们党对新时期、新阶段发展问题的全新认识，是马克思主义社会发展理论在我国的具体实际运用，为中国社会主义现代化建设提供了理论指导。中国当今现代化建设的关键是要深入贯彻落实科学发展观，全面加速社会的科学发展。恩格斯《家庭、私有制和国家的起源》的社会发展思想为如何深入贯彻落实科学发展观提供了重要的启示。

首先，"两种生产"理论对社会主义现代化建设具有指导作用。恩格斯在第一版序言中明确地指出了"两种生产"对社会历史的决定性作用。恩格斯指出："根据唯物主义的观点，历史中的决定要素归根结蒂是直接生活的生产和再生产；但是，生产本身又有两种：一方面是生活资料即食物、衣服、住房以及为此所必需的工具的生产；另一方面是人类自身的生产，即种的繁衍。"在这里，恩格斯明确地指出了"两种生产"是人类社会发展的根本动力，对社会历史的发展起着决定性的作用，而决定社会历史发展的"两种生产"包括两个方面的内容：物质资料的生产和再生产以及人口的生产和再生产。所以，根据"两种生产"理论，依据我国现阶段的基本国情，为了加速我国社会的科学发展，我们必须改变传统的以物为中心的发展理念，把人的综合素质的发展和人的自由度的提高也纳入社会发展进步的标准。一方面，我们要集中力量发展生产力，不断增加社会的物质财富，积极促进社会主义物质文明建设，促使社会主义市场经济良性发展。另一方面，要高度重视人类自身的生产和再生产，深入贯彻落实"以人为本"的科学发展观，真正实现"人的自由而全面的发展"，"促进经济社会和人的全面发展"，"把广大人民的根本利益作为我们一切工作的出发点和落脚点"，使社会的发展围绕人的发展而全面展开。努力提高人口的综合能力和素质，大力发展科教兴国战略，真正做到尊重知识，尊重人才，建设社会主义精神文明。

此外，恩格斯在"两种生产"理论中还阐述了"两种生产"对社会制度的制约作用。恩格斯指出："一定历史时代和一定地区内的人们生活于其下的社会制度，受着两种生产的制约：一方面受劳动的发展阶段的制约，另一方面受家庭的发展阶段的制约。"并且指出物质资料生产水平越低，社会制度就越受人类自身生产状况的制约。随着物质生产水平的提高，人类自身生产状况对社会制度的制约作用逐渐减弱，物质资料生产的作用逐渐加强。恩格斯的"两种生产"对社会制度的制约作用的阐释说明了在人类历史的每一个阶段上，物质资料的生产和人类自身的生产对社会制度都起着制约的作用，但是在不同的历史时期它们对社会制度的制约程度却是有所不同的。对于原始社会来说，"劳动愈不发展，社会制度就愈在较大程度上受血族关系的支配"，人类自身生产状况对原始社会的制约作用是首要的，物质资料生产水平的制约作用居于次要地位。随着物质生产水平的提高，人类自身生产状况对社会制度的制约作用逐渐减弱，物质资料生产的制约作用逐渐加强。因此，现代社会受物质资料生产的制约作用要大于人类自身生产状况的制约作用。这就给了我们这样一个启示，即在现代社会，为了促进社会科学快速的发展，应该把物质生产水平的提高放在首要突出的地位，努力使物质生产的增长速度高于人类自身生产的增长速度，只有这样才能保证在人类的物种不断延续和为社会生产提供源源不断劳动力的基础上，人类的物质生活水平能够有所提高，人类社会能够得到长足的发展。因此，我们要集中力量大力发展生产力，努力提高生产效率。其次，我们也不能忽视人口的生产和再生产对现代社会发展的次要制约作用。由于我国现阶段人口基数依然庞大，人口的过快增长依然同生产资料和生活资料的增长速度不相协调，这势必会影响我国社会主义现代化事业的蓬勃发展，因此我们必须坚持计划生育的基本国策，有计划地调解人口的增长速度，科学控制人口的过快增长。此外，也要调节好"两种生产"的适当比例，自觉调整"两种生产"的关系。对物的调整，就是计划经济；对人的调整，就是计划生育；物质资料的生产要以计划为主、市场调节为辅，而人口的计划首要的是解决数量问题。使人口数量与国民生产总值相适应，劳动人口与生产资料的数量相适应，消费人口与生活资料的数量相适应，使人口的发展同国民经济的发展水平和要求相适应，社会才能不断向前发展，人们的生活水平才能逐步得到提高。在我国社会主义初级阶段的条件下，要以最大限度地满足人们的物质和文化需要为前提，以有利于不断发展社会主义的经济，实现劳动人口的合理使用和充分就业为基础适当调整两种生产的比例关系。

其次，恩格斯对婚姻家庭起源和发展历史进程的考察与分析对构建社会主义和谐家庭具有指导意义。新中国建立以后，由于科学地预见了恩格斯对家庭发展规律理论说明的正确性，中国在否定封建家庭和资产阶级一夫一妻制家庭的基础上建立起了新型的社会主义一夫一妻制家庭形式。"三大"改造完成之后，随着社会主义制度的确立，这种社会主义一夫一妻制家庭形式变得更加牢固了，恩格斯的科学预言也逐渐在我国成为现实。比如，宪法、婚姻法、刑法从多方面为社会主义一夫一妻制家庭的稳定提供了法律保障；婚姻法规定废除旧的婚姻制度，实行以男女平等、婚姻自由为基础的一夫一妻制个体婚姻，反对买卖包办婚姻，废除童养媳和纳妾制度以及一夫多妻、一妻多夫等畸形家庭形式；刑法规定了重婚罪、聚众淫乱罪和引诱、容留、介绍他人卖淫等罪名；宪法从多方面保障了男女平等，规定妇女在法律上、政治上享有同男子同等的权利，在家庭里与男子享有平等的地位。在社会生活中，社会主义制度保障女子享有同男子同等权利的受教育权，并且在就业问题上倡导男女平等，促使越来越多的妇女参加到社会劳动中，使她们成为了经济独立的家庭成员，使男女平等、婚姻自由的一夫一妻制家庭形式在我国广泛建立起来。但是，由于我国还处于社会主义初级阶段，因此还远没有达到恩格斯所设想的社会主义家庭的理想阶段，旧的家庭关系、家庭观念还没有被完全清除，一些农村或偏远地区的家庭还广泛存在着男尊女卑、传宗接代、财产继承等封建思想。由于现阶段我国的生产力水平比较低，即使城市的一些青年男女在选择配偶时还是会考虑对方的经济基础、社会地位等因素，因此以爱情为唯一基础的婚姻家庭还不能完全建立起来。从家庭关系方面看，由于现实条件的限制，妇女在家庭中仍是家务的主要承担者，这就相应的阻碍了妇女在社会上参加劳动的自由，加之社会上歧视妇女的现象仍然严重，使妇女在重要劳动岗位上相对于男子的比例比较少。因此，妇女在家庭中还没有取得与男子绝对意义上的平等自由权利。由此可见，恩格斯为我们指明了婚姻家庭改革发展的正确方向，但是要实现这一目标，我们还有相当长的路程要走，这需要我们一方面大力发展生产力，促进社会主义现代化建设，为社会主义一夫一妻制家庭的发展提供充足的物质基础保障。另一方面，加强社会主义精神文明建设，努力提高全体人民的思想道德素质和思想文化水平，消灭旧有封建残余婚姻思想，使人们建立起新型的社会主义婚姻家庭观念。

再次，恩格斯关于国家起源问题的基本观点深刻揭示了社会发展规律是普遍性与特殊性的有机统一，这要求我们要根据不同时期社会发展的情况科学地制定不同的政策。恩格斯通过对雅典、罗马和德意志 3 种典型的国家起源模式进行实证分析后，得出了关于国家起源问题的一般结论。他认为，虽然雅典、罗马和德意志从氏族组织的瓦解到形成国家组织的具体过程和途径各不相同，各有各的历史特点，但是本质上却是相同的，即一切国家无论哪一种起源的模式，都是部分地改造氏族机关，部分地用设置新的机关代替它们，最后全部用真正的国家权力机关取代了氏族机关而发展起来的。恩格斯的这一观点深刻揭示出了社会发展规律的普遍性与特殊性之间的辩证统一关系，为我们在不同的发展阶段科学地制定不同的发展策略提供了理论依据。社会发展规律之所以会体现出普遍性与特殊性的有机统一，是因为社会的发展总体上受生产力和生产关系、经济基础和上层建筑这两对矛盾运动的作用，整体上呈现出从低级阶段到高级阶段的发展变化的自然历史过程，但是由于每个国家的历史背景和不同时期的发展条件有所不同，所以，不同国家的发展道路和发展模式会呈现出差异性的特点。这就启示我们要依据我国的基本国情和不同时期国际国内发展的环境和条件，科学制定出反映我国社会发展特点的科学决策，决不能照抄照搬其他国家的发展模式，只有对本国基本国情进行正确认识和科学分析的基础上，从实际出发走自己的道路，才能从根本上解决矛盾，找出问题的实质所在。

以胡锦涛为总书记的党的领导集体提出的科学发展观，正是在进入 21 世纪我国社会主义现代化建设所处的国际环境有所变化，经济社会发展出现了一系列新的阶段性特征的基础上科学提出来的。胡锦涛总书记在党的十七大报告中指出，进入 21 世纪，我国的经济社会发展出现了一系列新的阶段性特征："经济实力显著增强，同时生产力水平总体上还不高，自主创新能力还不强，长期形成的结构性矛盾和粗放型增长方式尚未根本改变；社会主义市场经济体制初步建立，同时影响发展的体制机制障碍依然存在，改革攻坚面临深层次矛盾和问题；人民生活总体上达到小康水平，同时收入分配差距拉大趋势还未根本扭转，城乡贫困人口和低收入人口还有相当数量，统筹兼顾各方面利益难度加大；协调发展取得显著成绩，同时农业基础薄弱、农村发展滞后的局面尚未改变，缩小城乡、区域发展差距和促进经济社会协调发展任务艰巨；社会主义民主政治不断发展、依法治国基本方略扎实贯彻，同时民主法制建设与扩大人民民主和经济社会发展的要求还不完全适应，政治体制改革需要继续深化；社会主义文化更加繁荣，同时人民精神文化需求日趋旺盛，人们思想活动的独立性、选择性、多变性、差异性明显增强，对发展社会主义先进文化提出了更高要求……"。这些正确的认识与分析深刻指明了当前我们所要着手解决的我国社会发展的基本矛盾和问题，因此，我们应该立足当前着眼长远，坚持走可持续发展的道路，正确处理经济社会发展同人口、资源、环境的关系，促进经济社会和人的全面发展。

最后，恩格斯关于国家将最终随着共产主义的胜利归于消亡的论述，为广大无产阶级参加社会主义实践，积极向共产主义社会过渡创造条件提供了指导作用。恩格斯认为，国家是经济上占统治地位的阶级用来镇压和剥削被压迫阶级的工具，这是国家的本质特征。无产阶级专政的社会主义国家虽然也是阶级统治的工具，符合国家的一般本质特征，但它却是与资本主义国家的少数统治者压迫和剥削占人口绝大多数的被统治阶级的性质不同，它是对占人口绝大多数的人民群众实行高度民主、镇压剥削阶级和各种敌对阶级的工具。恩格斯认为，国家将随着共产主义的胜利归于消亡，这是一条客观的社会规律，而这一规律的实现必须通过有意识的人们的自觉活动才能得以实现。资本主义国家必须通过无产阶级革命来推翻资本主义制度才能最终被摧毁，而无产阶级的社会主义国家当满足了一定的客观条件后将会自动走向灭亡。这些客观条件包括：生产力达到高度发展，社会产品极大丰富；私有制和阶级都完全彻底被消灭；全体人民拥有极高的共产主义道德品质和思想觉悟。

恩格斯关于国家理论的这些论述启示我们，为了实现共产主义社会这一远大目标，需要每一代共产党人付出长期而艰苦的努力，而就当前我们国家来说也需要积极为实现这一长远目标努力创造以下条件：

第一，大力发展社会生产力，促进经济社会持续健康发展。生产力的高度发达，乃是实现向共产主义阶段过渡的最重要的物质基础和前提条件。我们国家还处于社会主义初级阶段，生产力水平不发达，较发达国家水平而言还存在相当大的差距。因此，当前中国的最大任务是要大力发展生产力，而生产力的发展要求每一个社会成员都必须具有高度的科学文化修养，掌握最先进的生产技术和专业知识，所以当前需要把发展教育文化事业同发展社会生产力紧密地联系在一起，不断提高全体人民的科学文化水平。只有这样，才能适应最新科学技术的发展要求，不断提高劳动生产率，扩大操作范围，使劳动者减少单调的劳动，摆脱旧式分工的束缚，提高劳动者的工作兴趣，使人们真正成为大自然的主人，"促进经济社会和人的全面发展"，实现"以人为本"的科学发展观。大力发展生产力也是在为消灭工农之间、城乡之间、脑力劳动和体力劳动之间的差别以及所有反映这些差别的资产阶级残余势力的消失创造条件，这些工作在社会主义阶段都要积极地进行，只有这样才能为过渡到共产主义社会创造条件。

第二，关心、支持全世界范围内的共产主义运动，为消灭一切剥削制度，促进国家的消亡而创造条件。我们国家虽然已经处于社会主义社会，消灭了剥削和阶级压迫，废除了阶级社会生产资料私有制的社会制度，广泛建立起了以公有制为主体，多种所有制经济共同发展的社会主义制度，但是放眼世界，阶级压迫、剥削制度还广泛存在。共产主义社会是一个没有阶级剥削和压迫的社会，而要做到这一点，就需要在全世界范围内全部消灭阶级压迫和剥削制度，铲除它的思想的社会根源；只有在全世界范围内消灭了阶级剥削和阶级压迫后，才能为实现国家的消亡和进入共产主义社会创造条件，单独一个国家进入共产主义社会是不可能的，一国范围内实现国家的消亡更不具备条件；只有全世界所有国家都取得了社会主义革命胜利后，才有可能实现向共产主义的过渡。鉴于这个原因，我国要关心、支持资本主义国家和其他国家无产阶级的革命斗争，大力促进国际共产主义运动发展，为最终消灭全世界的剥削制度和阶级压迫，进入共产主义社会而奋斗不止。

第三，努力提高全体人民的共产主义道德品质和思想觉悟，培养具有共产主义素质的一代新人。马克思主义认为，全体社会成员形成科学的社会主义世界观对于向共产主义社会的过渡是必不可少的条件，只有全体社会成员都形成统一的共产主义道德品质，排除了自我利弊得失的计较，他们才能正确地对待社会工作、对待劳动、对待人与人之间的关系，而这一条件的形成需要我们逐渐淡化私有观念，但私有观念的淡化需要丰富的物质资料作支撑，所以共产主义世界观的形成与生产力的发展是相互联系有机统一的。所以就我国而言，为了创造这一精神条件，一方面需要我们大力发展生产力，创造出极其丰富的物质财富，不断满足人们对物质生产资料和生活资料的需求。另一方面，要认真清除从旧社会带来的各种剥削阶级的封建腐朽思想和历史上遗留下来的各种落后、愚昧观念，深入开展以马克思主义为指导的社会主义精神文明的教育，克服"自发论"

的错误思想，坚持长期、系统的马克思主义理论教育和其他形式的思想政治教育，并同社会上的各种不良现象进行必要的斗争。不断提高全体人民的思想觉悟，培养具有共产主义素质的一代新人。这一切都必然成为社会主义历史阶段的重要任务，只有完成了这个任务，才能不断提高全体人民建设共产主义的自觉性和积极性，实现从社会主义社会向共产主义社会的过渡。

参考文献

闫天灵、张军：《易洛魁人氏族与希腊人氏族的比较研究》，《西北民族学院学报》（哲学社会科学版）1999 年第 4 期

张东风：《两种不同历史观的比较——从恩格斯和卢梭论人类的不平等谈起》，周口师专学报，1995 年 6 月

阎增武：《历史哲学视野中的婚姻与家庭——纪念恩格斯 < 家庭、私有制和国家的起源 > 问世 120 周年》，《南京政治学院学报》，2004 年第 6 期。

中山大学哲学系：《 < 家庭、私有制和国家的起源 > 学习读本》，北京师范大学出版社 1982 年版

艾福成：《恩格斯 < 家庭、私有制和国家的起源 > 一书关于家庭问题论述》，《吉林大学学报》，1982 年第 1 期

王贵明：《恩格斯的两种生产理论探讨》，《社会科学研究》，1987 年第 3 期

吴笛、吴斯佳：《外国诗歌鉴赏辞典》，上海辞书出版社 2009 年版

中共中央马克思恩格斯列宁斯大林著作编译局：《马克思恩格斯

选集》（第 1 卷），人民出版社 1995 年版

《列宁选集》（中文第 3 版第 3 卷），人民出版社 1972 年版

〔美〕路易斯·亨利·摩尔根《古代社会》，杨东莼、马雍、马巨译，商务印书馆 1997 年版

〔法〕卢梭：《论人类不平等的起源和基础》，李常山译，译林出版社 2009 年版

刘澄：《＜家庭、私有制和国家的起源＞导读》，天津人民出版社 2009 年版